标准化法简明教程

（微课版）

主　编　帅　倩　刘圆圆
副主编　郭盛洪　宋　雯　张云云

北京理工大学出版社
BEIJING INSTITUTE OF TECHNOLOGY PRESS

内 容 简 介

标准是国家治理体系和治理能力现代化的基础性制度，是规范市场秩序、提升产品质量的重要技术支撑。本教材立足我国标准化工作实际，系统介绍标准化法律体系，内容涵盖法的基础与标准化法基本理论、标准制定与实施的法律制度、标准化与质量管理、标准化部门规章、标准化政策与相关专业法等五大核心章节。

针对当前标准化法教材种类有限、内容陈旧等问题，本教材注重理论与实践相结合，突出应用性特色，既系统阐述标准化法律体系，又结合典型案例分析标准制定、实施和监督管理的具体规范。本教材适用于标准化工程、质量管理等本科专业教学，也可作为企业标准化从业人员的培训用书。

版权专有　侵权必究

图书在版编目（CIP）数据

标准化法简明教程：微课版／帅倩，刘圆圆主编.
北京：北京理工大学出版社，2025.7.
ISBN 978-7-5763-5626-7

Ⅰ．D922.17

中国国家版本馆 CIP 数据核字第 2025WE8196 号

责任编辑／徐艳君	**文案编辑**／徐艳君
责任校对／刘亚男	**责任印制**／李志强

出版发行／北京理工大学出版社有限责任公司
社　　址／北京市丰台区四合庄路 6 号
邮　　编／100070
电　　话／（010）68914026（教材售后服务热线）
　　　　　（010）63726648（课件资源服务热线）
网　　址／http://www.bitpress.com.cn

版 印 次／2025 年 7 月第 1 版第 1 次印刷
印　　刷／三河市天利华印刷装订有限公司
开　　本／787 mm×1092 mm　1/16
印　　张／10.25
字　　数／238 千字
定　　价／65.00 元

图书出现印装质量问题，请拨打售后服务热线，负责调换

前言

本教材紧紧围绕 2017 年修订的《中华人民共和国标准化法》（以下简称《标准化法》）介绍与标准化相关的法律法规及政策，涵盖产品质量法、认证认可条例、国家标准管理办法、行业标准管理办法、地方标准管理办法、团体标准管理规定、企业标准化促进办法、专业标准化技术委员会管理办法、采用国际标准管理办法，以及标准化政策与相关专业法。本教材内容丰富，重点突出，特色鲜明，具体有以下三个特点：

第一，前瞻性。自 2017 年《标准化法》修订和 2018 年国家机构改革后，大量相关的法规及政策都随之修订，本教材引入并详细解读了《国家标准管理办法》《国家标准化发展纲要》《企业标准"领跑者"制度》等最新法规及政策。

第二，创新性。设置了动手探究、新规速递、以案说法、标准案例等模块内容，寓《标准化法》的知识于典型案例中，结合观点论述，有理有据，激发学生思考。

第三，实用性。应用现代信息技术，将精选案例与知识点制作成短视频，并配套设置二维码。学生扫码即可观看视频讲解，便捷高效。

通过教材学习，学生能够了解《标准化法》的具体内容，理解国家标准化工作的方针政策，掌握国家对标准化工作的具体规定和要求，提升自身的标准化工作政策水平。

本教材的编写分工如下：帅倩编写第二章、第三章部分内容、第四章、第五章部分内容，郭盛洪编写第三章部分内容，宋雯编写第一章，张云云编写第五章部分内容，刘圆圆博士负责全书统稿和审核工作。王威、谢欢、吴雨洲、胥凌、王攀等老师为本教材录制视频微课，使教材内容更加丰富生动。特别鸣谢罗怀平教授对本教材提出的宝贵意见。

编　者
2024 年 11 月

目录

第一章　法的基础与标准化法基本理论 (001)
第一节　法的基本概念 (002)
一、法与法律的概念、本质和特征 (002)
二、法的形式与层次 (003)
三、我国的立法体制和程序 (005)
四、法律责任和法律制裁 (007)
第二节　标准的法律性质 (009)
一、标准的特征 (009)
二、标准的效力 (011)
三、标准化与技术监督 (013)
第三节　我国标准化法体系 (015)
一、标准化法的立法历程 (015)
二、标准化法体系的层次 (018)
第四节　国际标准化法规 (019)
一、WTO/TBT 技术法规、标准和合格评定程序 (021)
二、ISO/IEC 的法规管理 (021)
三、欧盟的技术指令与协调标准 (022)
四、工业先进国家的标准化法规 (023)

第二章　标准制定与实施的法律制度 (024)
第一节　标准化法概述 (029)
一、《标准化法》的立法宗旨 (031)
二、标准的范围和分类 (031)
三、标准化工作的任务 (032)
四、《标准化法》的基本原则 (033)
五、标准化表彰奖励 (034)

第二节　标准制定 ·· (037)
 一、标准制定的基本原则 ·· (038)
 二、强制性标准制定 ·· (038)
 三、推荐性国家标准制定 ·· (041)
 四、行业标准制定 ·· (044)
 五、地方标准制定 ·· (044)
 六、团体标准和企业标准制定 ···································· (044)
 七、优先制定急需标准和支持创新标准 ···························· (045)
 八、标准编号与标准文本公开 ···································· (045)

第三节　标准实施 ·· (046)
 一、强制性标准实施 ·· (046)
 二、企业与团体标准的自我声明公开和监督制度 ···················· (046)
 三、技术创新的标准化要求 ······································ (047)
 四、标准重复交叉等问题的处理 ·································· (055)
 五、出口产品和服务技术要求 ···································· (056)
 六、标准化的示范推动 ·· (056)

第四节　监督管理 ·· (056)
 一、标准监督管理体制 ·· (057)
 二、标准争议协调解决机制 ······································ (057)
 三、标准未依法编号、复审或备案的处理 ·························· (058)
 四、举报和投诉 ·· (058)

第五节　法律责任 ·· (059)
 一、民事责任 ·· (059)
 二、行政责任和刑事责任 ·· (059)
 三、企业未公开标准的法律责任 ·································· (060)
 四、违反标准制定基本原则的处理 ································ (061)
 五、拒不执行责令改正决定的法律责任 ···························· (061)
 六、国务院标准化行政主管部门违法的法律责任 ···················· (062)
 七、社会团体和企业未依法编号的法律责任 ························ (062)
 八、渎职行为处理 ·· (062)

第三章　标准化与质量管理 ··· **(063)**
第一节　产品质量法 ·· (067)
 一、产品与产品质量 ·· (068)
 二、产品质量法概述 ·· (068)
 三、生产者的产品质量责任和义务 ································ (070)
 四、销售者的产品质量责任和义务 ································ (071)
 五、产品质量法律责任 ·· (073)

六、产品质量的监督管理 ……………………………………………………（074）
第二节　认证认可条例 ……………………………………………………………（078）
　　一、认证认可条例概述 ……………………………………………………（080）
　　二、认证机构 ………………………………………………………………（080）
　　三、认证制度 ………………………………………………………………（084）
　　四、认可制度 ………………………………………………………………（086）
　　五、违反条例的法律责任 …………………………………………………（094）

第四章　标准化部门规章 …………………………………………………（096）

第一节　国家标准管理 ……………………………………………………………（099）
　　一、规章背景 ………………………………………………………………（101）
　　二、国家标准的范围 ………………………………………………………（101）
　　三、国家标准制定的目标及原则 …………………………………………（101）
　　四、国家标准组织管理 ……………………………………………………（101）
　　五、国家标准的制定 ………………………………………………………（102）
　　六、国家标准的实施与监督 ………………………………………………（103）
第二节　行业标准管理 ……………………………………………………………（107）
　　一、规章背景 ………………………………………………………………（109）
　　二、行业标准的范围及对象 ………………………………………………（109）
　　三、行业标准管理 …………………………………………………………（110）
　　四、行业标准的制定要求 …………………………………………………（111）
　　五、行业标准的实施和复审 ………………………………………………（111）
　　六、行业标准监督 …………………………………………………………（113）
第三节　地方标准管理 ……………………………………………………………（113）
　　一、规章背景 ………………………………………………………………（115）
　　二、地方标准的制定范围和性质 …………………………………………（115）
　　三、地方标准的制定原则 …………………………………………………（115）
　　四、地方标准的管理体制 …………………………………………………（115）
　　五、地方标准的制定 ………………………………………………………（116）
　　六、地方标准的法律责任 …………………………………………………（116）
第四节　团体标准管理 ……………………………………………………………（117）
　　一、规章背景 ………………………………………………………………（118）
　　二、团体标准的管理 ………………………………………………………（118）
　　三、团体标准的制定 ………………………………………………………（118）
　　四、团体标准的实施和监督 ………………………………………………（119）
第五节　企业标准化管理 …………………………………………………………（121）
　　一、规章背景 ………………………………………………………………（122）
　　二、企业标准化工作的原则及基本任务 …………………………………（122）

三、企业标准的制定 ………………………………………………… (123)
　　四、企业标准化促进措施 …………………………………………… (124)
　　五、企业标准监督检查 ……………………………………………… (124)
第六节　全国专业标准化技术委员会管理 ………………………………… (126)
　　一、规章背景 ………………………………………………………… (127)
　　二、标准化管理机构 ………………………………………………… (127)
　　三、技术委员会的组成及职责 ……………………………………… (127)
　　四、技术委员会的组建 ……………………………………………… (129)
　　五、技术委员会的工作程序 ………………………………………… (131)
　　六、技术委员会的考核评估 ………………………………………… (132)
第七节　采用国际标准管理 ………………………………………………… (133)
　　一、规章背景 ………………………………………………………… (134)
　　二、内涵定义 ………………………………………………………… (134)
　　三、采用国际标准的管理职责 ……………………………………… (136)
　　四、采用国际标准的原则和要求 …………………………………… (136)
　　五、采用国际标准程序 ……………………………………………… (136)
　　六、实施应用 ………………………………………………………… (137)

第五章　标准化政策与相关专业法 ………………………………………… (140)

第一节　我国标准化相关政策 ……………………………………………… (141)
　　一、国家标准化发展纲要 …………………………………………… (141)
　　二、建设高标准市场体系行动方案 ………………………………… (143)
　　三、企业标准"领跑者"制度 ……………………………………… (147)
第二节　标准化法与相关专业法 …………………………………………… (150)
　　一、标准化法与计量法 ……………………………………………… (150)
　　二、标准化法与其他专业法 ………………………………………… (150)

参考文献 ……………………………………………………………………… (153)

第一章 法的基础与标准化法基本理论

学习目标

1. 初步了解法与法律的概念、本质和特征。
2. 初步了解我国的立法体制、法律责任和法律制裁等基本常识。
3. 了解标准与法的异同及我国标准化法体系，能分辨法律、法规、规章。
4. 了解我国标准化法体系目前概况。
5. 初步了解国际上部分工业先进国家和地区有关标准化的法规概况。

本章导读

我国标准化工作是一项政策性很强的工作。我国标准化工作是依法开展的，为了更好地学习标准化法，必须了解有关法的基本概念。

本章简要介绍有关法与法律的基本概念、本质、特征，法的不同层次（法律、法规、规章）的概念及立法程序、法律责任和法律制裁；介绍标准的法律性质及目前我国标准化法体系；概要介绍国际上某些区域与标准化有关的法规，个别工业先进国家或地区与标准化有关的法规概况。

学习主题

```
                          ┌─ 法与法律的概念、本质和特征
                          │
              ┌ 法的基本概念 ┤ 法的形式与层次
              │           │ 我国的立法体制和程序
              │           └ 法律责任和法律制裁
              │
              │           ┌ 标准的特征
法的基础与标准化 ┤ 标准的法律性质 ┤ 标准的效力
法基本理论       │           └ 标准化与技术监督
              │
              │            ┌ 标准化法的立法历程
              ┤ 我国标准化法体系 ┤
              │            └ 标准化法体系的层次
              │
              │            ┌ WTO/TBT 技术法规、标准和合格评定程序
              │            │ ISO/IEC 的法规管理
              └ 国际标准化法规 ┤ 欧盟的技术指令与协调标准
                           └ 工业先进国家的标准化法规
```

第一节　法的基本概念

一、法与法律的概念、本质和特征

（一）法的概念

法是由国家专门机关制定或认可的并依靠国家强制力保障实施的行为规范的总和，它反映由特定物质条件所决定的掌握政权者的意志，并以实现其所期望的社会关系和价值目标为目的。

（二）法的本质

法本质的主观方面为：法是统治阶级意志的体现。这是法的社会阶级本质。法本质的客观方面为：法是反映统治阶级意志的法，又不是统治阶级随心所欲创造的结果，而是受制于特定的社会物质生活条件，特别是特定的生产方式。

（三）法律的概念

法律是法的具体表现形式，特指由国家立法机关（如全国人民代表大会及其常务委员会）依照法定程序制定的规范性文件，如《中华人民共和国宪法》（以下简称《宪法》）、《中华人民共和国民法典》（以下简称《民法典》）、《中华人民共和国刑法》（以下简称《刑法》）等。法律是法的重要组成部分，但法的外延更广，包括行政法规、地方性法规等其他规范性文件。

（四）法的基本特征

1. 法是一种行为规范

法作为行为规范，第一，具有规范性和普遍性。规范性是指法是为人们规定在相同条件下可以反复适用的行为规则。普遍性是指法在国家权力范围内具有普遍约束力，对社会全体成员有效。第二，具有严格的结构和层次。法律规范由假定、处理和制裁三部分构成；不同规范相互联系，形成完整的法律体系。不同层级的规范性文件之间存在效力从属关系。

2. 法由国家制定或认可

国家通过制定或认可两种方式创制法律规范。制定是指立法机关直接创制成文法，认可是指赋予习惯等规范以法律效力。这是法区别于其他社会规范的重要特征。

3. 法由国家强制力保证实施

法的实施以国家强制力为后盾，如通过刑事制裁、民事制裁、行政制裁确保实施。法如果失去国家强制力保障，就无异于"一纸空文"，难以发挥其规范作用。

4. 法以权利义务为内容

法与权利义务是不可分的，它把一定生产方式要求的行为自由规定为权利，把与之对应的社会责任规定为义务，使一定社会形态中人们的相互关系转化为法律上的权利义务关系。这种权利义务关系由国家强制力保障实现，以维护社会秩序。

二、法的形式与层次

法的形式对于法律是非常重要的。任何法律都必须借助于法的形式表现出来。第一，法的形式是区分法律规范与其他社会规范的标志之一。不是所有的规范都是法，只有通过一定的程序、经过一定国家机关制定或认可，并且有法的形式的社会规范才属于法的范畴。第二，法的形式是判别立法机关的立法权限和范围的标志之一。不同法的形式由不同国家机关或主体产生，立法者不能产生不属于自己权限范围的法的形式。第三，法的形式是体现法的效力等级的标志之一。不同法的形式可以表现出法的效力等级。

目前中国法的形式是指以各种制定法为主的正式法。它们有不同的层次和效力，其中主要有宪法、法律、行政法规、地方性法规、自治法规、行政规章、国际条约和其他法的形式。

1. 宪法

宪法是国家的根本大法，是国家的总章程。宪法是由国家最高权力机关全国人民代表大会按照特殊组织形式和程序制定的，是对国家、社会和公民的生活的基本问题进行综合性规定，并具有最高效力的法。它在法的形式体系中居于最高的、核心的地位。

2. 法律

法律是指由我国最高权力机关，即我国国家立法机关——全国人民代表大会及其常务委员会制定的对国家社会和公民生活中具有根本性的社会关系或基本问题进行调整的规范性法律文件。它包括基本法律和基本法律以外的其他法律两类。基本法律是调整国家、社会和公民生活中具有普遍性的社会关系的规范性法律文件的总称，如《民法典》《刑法》《中华人民共和国刑事诉讼法》《中华人民共和国行政诉讼法》等。基本法以外的其他法律是调整基本法律以外的国家、社会和公民生活中某一方面的社会关系的规范性文件的总和，如《中华人民共和国环境保护法》（以下简称《环境保护法》）、《中华人民共和国专利法》《中华人民共和国著作权法》（以下简称《著作权法》）、《中华人民共和国文物保护法》等。

这两类法律具有同等效力，地位仅低于宪法，是法的形式体系中的二级大法。

动手探究

> 2020年5月28日，十三届全国人大三次会议表决通过了《民法典》，自2021年1月1日起施行。《民法典》被称为"社会生活的百科全书"，是中华人民共和国第一部以法典命名的法律，在法律体系中居于基础性地位，也是市场经济的基本法。请上网搜索《民法典》的具体内容，该法实施后代替了哪九部法律？

3. 行政法规

行政法规是由最高国家行政机关，即中华人民共和国国务院制定、修改的有关行政管理和管理行政事务事项的规范性法律文件的总和。行政法规在我国法的形式体系中起着承上启下的桥梁作用，其法律效力和地位仅次于宪法和法律，在全国范围内有效。行政法规在社会关系和规定事项的调整比法律更加广泛、具体，如政治、教育、科学、文化、体育以及其他方面的社会关系和事项。

4. 地方性法规

地方性法规是由省、自治区、直辖市和较大的市（即省、自治区人民政府所在地的市，经济特区所在地的市和经国务院批准的较大的市）的人民代表大会及其常务委员会，根据本行政区域的具体情况和实际需要制定的规范性文件的总称。地方性法规不得与宪法、法律和行政法规相抵触，且仅在创制地方法规的权力机关所管辖的地区有效。

5. 部门规章

部门规章是由国务院所属各部、各委员会等和具有管理职能的直属机构，根据法律和国务院的行政法规、决定、命令，在本部门的权限范围内制定的规范性文件的总称。部门规章规定的事项应当属于执行法律或者国务院的行政法规、决定、命令的事项，一般在全国范围内有效，其地位低于宪法、法律、行政法规。

6. 地方政府规章

地方政府规章是由省、自治区、直辖市人民政府和较大的市人民政府，根据行政法规和本省、自治区、直辖市的地方性法规制定的规范性文件的总和。地方政府规章仅在本地有效。同时它不得同国务院各部门制定的部门规章、上级或同级地方性法规相抵触。

7. 其他

其他还有自治条例和单行条例、特别行政区的法、军事法规和军事规章、国际条约和国际惯例等。因与本课程关系密切程度不大，在此不做详细介绍。

三、我国的立法体制和程序

（一）我国的立法体制

立法体制是指关于法律制定权限划分的制度。我国制定了《中华人民共和国立法法》（以下简称《立法法》）。我国的立法体制是：

1. 国家最高权力机关的立法权限

全国人民代表大会和全国人民代表大会常务委员会行使国家立法权。全国人民代表大会制定和修改刑事、民事、国家机构的和其他的基本法律。全国人民代表大会常务委员会制定和修改除应当由全国人民代表大会制定的法律以外的其他法律；在全国人民代表大会闭会期间，对全国人民代表大会制定的法律部分进行补充和修改，但是不得同该法律的基本原则相抵触。

2. 国家最高行政机关的立法权限

国家最高行政机关即国务院。国务院根据宪法和法律制定行政法规。

3. 国家最高行政机关所属机关的立法权限

国务院各部、委员会等和具有行政管理职能的直属机构，可以根据法律和国务院的行政法规、决定、命令，在本部门的权限范围内，制定规章。部门规章规定的事项应当属于执行法律或者国务院的行政法规、决定、命令的事项。

4. 地方各级权力机关和行政机关的立法权限

地方各级权力机关及其常设机关，省、自治区、直辖市人民代表大会及其常务委员会根据本行政区域的具体情况和实际需要，在不与宪法、法律、行政法规相抵触的前提下，可以制定地方性法规。较大的市人民代表大会及其常务委员会权限同上，但必须报省、自治区人民代表大会及其常务委员会批准后施行。

地方各级权力机关和行政机关，省、自治区、直辖市人民政府和较大的市人民政府，可以根据法律、行政法规和本省、自治区、直辖市的地方法规，制定规章。

（二）我国纵向立法体系

我国的立法体制是一元多层次的立法体制。所谓一元多层次，是指在以宪法为基础的统一的一元化基础上的多层次。从纵向划分，可分为中央立法和地方立法两级，在这两级有多个层次。我国纵向立法体系见表1-1。

表 1-1　纵向立法体系

层次		立法机关	立法形式
中央立法	1	全国人民代表大会及其常务委员会	法律
	2	国务院	行政法规
	3	国务院各部委局	规章
地方立法	1	省、自治区、直辖市人民代表大会及其常务委员会	地方性法规
	2	自治区人民代表大会及其常务委员会	自治条例和单行条例
	3	省、自治区、直辖市人民政府	规章
		省、自治区人民政府所在地的市和较大的市的人民代表大会及其常务委员会	地方性法规
	4	自治州的人民代表大会	自治条例和单行条例
	5	省、自治区人民政府所在地的市和较大的市的人民政府	规章
		自治县的人民代表大会	自治条例和单行条例

（三）我国法律制定的程序

法律制定程序即立法程序。狭义的立法程序仅指国家最高权力机关在制定、修改、补充、废止规范性文件过程中的工作方法、步骤和次序。广义的立法程序是指享有立法权的主体在制定、修改、补充、废止以及认可各种规范性文件和法律规范过程中的工作方法、步骤和次序。在我国，全国人民代表大会及其常务委员会制定法律的程序是：

1. 提出法律案

提出法律案，就是根据有关规定，享有相应职权的国家机关和个人向全国人民代表大会或其常务委员会提出关于制定、修改、补充、废止法律的议案。

2. 审议法律案

审议法律案，就是全国人民代表大会及其常务委员会就已列入会议议程的法律案进行审查通过。这是立法的第二阶段，也是立法程序中的关键阶段。

3. 通过法律案

通过法律案，是指全国人民代表大会及其常务委员会通过表决来决定法律草案能否成为正式法律。

4. 公布法律

公布法律，就是将全国人民代表大会及其常务委员会通过的法律用一定方式和形式公之于众。《宪法》和《立法法》规定由国家主席签署主席令公布全国人民代表大会及其常务委员会通过的法律。

四、法律责任和法律制裁

(一) 法律责任

1. 法律责任的概念和特征

法律责任,是指因违反了法定义务或契约义务,或不当行使法律权利、权力所产生的,由行为人承担的不利后果。

法律责任是社会责任的一种,它与其他社会责任有密切联系,但也有区别。法律责任的特征有以下两个方面:

①承担法律责任的最终依据是法。承担法律责任的具体原因可能各有不同,但最终依据只能是法。因为法律责任是由法律规定而产生的,并且一旦法律责任不能顺利承担或履行,就需要司法机关裁断,而司法机关只能依据法作出最终裁决。

②法律责任具有国家强制性,法律责任的追究是由国家强制力实施或潜在保证的,在法律责任的追究上,国家强制力只有在必要时,在责任人不能主动承担其法律责任时,才会使用。

2. 法律责任的分类

根据不同的标准,法律责任可以有不同的分类。例如:根据责任承担的内容不同,法律责任可以分为财产责任和非财产责任;根据主观过错在法律中的地位,法律责任可以分为过错责任、无过错责任和公平责任;根据行为主体实施行为时的名分,法律责任可以分为职务责任和个人责任;根据责任的承担程度,法律责任可以分为有限责任和无限责任。在法律实践中,最通常的一种分类方法是按照法律责任的性质,将法律责任划分为民事责任、行政责任、刑事责任和违宪责任四种。

①民事责任,是指法律关系的主体因违反民事法律或因法律规定而依法应承担的不利后果。

②行政责任,是指法律关系的主体因违反行政法律或因行政法规定的事由而应承担的法定的不利后果。

③刑事责任,是指法律关系的主体因违反刑事法律而依法应承担的不利后果。

④违宪责任,是指法律关系的主体因违反宪法而依法应承担的不利后果。

3. 法律责任的构成要件

法律责任的构成要件,是指构成法律责任必须具备的各种条件或必须符合的标准,它是国家机关要求行为人承担法律责任时进行分析、判断的标准。根据违法行为的一般特点,我们把法律责任的构成要件概括为主体、过错、违法行为、损害事实和因果关系五个方面。

①主体,是指违法主体或者承担法律责任的主体。责任主体不完全等同于违法主体。

②过错,即承担法律责任的主观故意或者过失。

③违法行为,是指违反法律所规定的义务、超越权利的界限行使权利以及侵权行为的总称。一般认为违法行为包括犯罪行为和一般违法行为。

④损害事实,即受到的损失和伤害的事实,包括对人身、财产、精神(或者三方面兼有)的损失和伤害。

⑤因果关系,即行为与损害之间的因果关系,它是存在于自然界和人类社会中的各种因果关系的特殊形式。

(二) 法律制裁

1. 法律制裁的概念

法律制裁,是指由特定的国家机关对责任主体依其应负的法律责任而实施的强制性惩罚措施。法律制裁与法律责任有密切联系,法律制裁与法律责任都是基于违法行为产生的,法律责任是法律制裁的前提,法律制裁是法律责任实现的重要方式。

2. 法律制裁的种类

根据违法行为和法律责任的性质不同,我国的法律制裁可分为以下四种:

(1) 违宪制裁

违宪制裁,是指依照《宪法》的规定对责任主体依其所应承担的违宪责任而实施的强制措施。我国行使违宪制裁权的机关是全国人民代表大会及其常务委员会。违宪制裁的措施主要有:撤销同《宪法》相抵触的法律、行政法规、地方性法规;罢免国家机关的领导成员。

(2) 行政制裁

行政制裁,是指依照行政法律规定对责任主体依其所应承担的行政法律责任而实施的强制措施。行政制裁分为行政处分、行政处罚和劳动教养三种。

①行政处分,是指国家行政机关依照行政隶属关系,对违反行政法的行政机关工作人员所实施的惩罚措施,有警告、记过、记大过、降级、降职、留用察看和开除等形式。

②行政处罚,是指由特定的行政机关对违反行政法的公民、法人或者其他组织所实施的惩罚措施,包括警告、罚款、行政拘留等形式。

③劳动教养,是指由公安行政机关对有违法犯罪行为而又不够刑事处罚的违法者所采取的惩罚措施。

(3) 刑事制裁

刑事制裁又称刑罚,是指依照刑事法律规定对责任主体依其所应承担的刑事法律责任而实施的强制措施。刑罚分为主刑和附加刑:主刑包括管制、拘役、有期徒刑、无期徒刑、死刑,附加刑包括罚金、没收财产和剥夺政治权利。刑事制裁是最为严厉的一种法律制裁。

(4) 民事制裁

民事制裁,是指依照民事法律规定对责任主体依其所应承担的民事法律责任而实施的强制措施。其形式主要有停止侵害、排除妨碍、消除危险、返还财产、恢复原状、赔偿损失、支付违约金、消除影响、恢复名誉、赔礼道歉等。在实践中,民事制裁是适用范围最为广泛的法律制裁。

> **普法课堂**
>
> **新《中华人民共和国农产品质量安全法》公布**
>
> 2022年9月2日,《中华人民共和国农产品质量安全法》(以下简称《农产品质量安全法》)修订通过并予以公布,于2023年1月1日起施行。此次修订《农产品质量安全法》,坚持全面体现最严谨的标准、最严格的监管、最严厉的处罚和最严肃的问责"四个最严"要求,从生产环节到加工、消费环节,做好与食品安全法的衔接,实现农产品从田间地头到百姓餐桌的全过程监管。
>
> 新修订的《农产品质量安全法》共八章八十一条,比原法新增了二十五条,进一步明确了各级政府、有关部门和各类主体的法律责任,优化完善农产品质量安全风险管理与标准制定,建立健全产地环境管控、承诺达标合格证、农产品追溯、责任约谈等管理制度,并加大对违法行为的处罚力度。

第二节 标准的法律性质

视频:标准的法律性质

一、标准的特征

(一)标准的基本特征

根据我国国家标准《标准化工作指南 第1部分:标准化和相关活动的通用术语》(GB/T 20000.1)的定义,从最一般的意义上说,标准是指通过标准化活动,按照规定的程序经协商一致制定,为各种活动或其结果提供规则、指南或特性,供共同使用和重复使用的文件。

该定义将标准界定为一种文件,并指出了这种文件与其他文件相区别的五个特征:特定的形成程序、共同并重复使用的特点、特殊的功能、产生的基础以及独特的表现形式。

1. 标准的形成需要通过标准化活动,按照规定的程序经协商一致制定

上述定义首先强调了标准与标准化的联系,指出标准产生于标准化活动,也就是说只有通过标准化活动才有可能形成标准,没有标准化活动就没有标准。然而标准化活动形成的不仅仅是标准,还会有其他标准化文件,只有按照规定的程序并且达到了形成标准所要求的协商一致程度的文件才能称为标准。这里规定的程序指各标准化机构为了制定标准而明确规定并颁布的标准制定程序。所以说,履行了标准制定程序的全过程,并且达到了普遍同意的协商一致后形成的文件才称为标准。

2. 标准具备的特点是共同使用和重复使用

共同使用是从空间上界定的，指标准要具有一定的使用范围，如国际、国家、协会等范围。重复使用是从时间上界定的，即标准不应仅供一两次使用，它不但现在要用，将来还要经常使用。共同使用与重复使用两个特点之间是和的关系，也就是说，只有某文件在一定范围内被大家共同使用并且多次重复使用，才可能考虑将其制定成标准。

3. 标准的功能是为各种活动或其结果提供规则、指南或特性

最佳秩序的建立首先要对人类所从事的活动以及活动的结果确立规矩。标准的功能就是提供这些规矩，包括对人类的活动提供规则或指南，对活动的结果给出规则或特性。不同功能类型标准的主要功能也不同，通常标准中具有五种典型功能，即界定、规定、确立、描述、提供或给出，例如界定术语、规定要求、确立总体原则、描述方法、提供指导或建议、给出信息等。

4. 标准产生的基础是科学、技术和经验的综合成果

标准是对人类实践经验的归纳整理，是充分考虑最新技术水平并规范化的结果。因此，标准是具有技术属性的文件，标准中的条款是技术条款，这一点是它区别于其他文件的特征之一。

5. 标准的表现形式是一种文件

文件可理解为记录有信息的各种媒介。标准的形成过程及其具有的技术规则的属性决定了它是一类规范性的技术文件。标准的形式有别于其他规范性文件。通常每个标准化机构都要对各自发布的标准的起草原则、要素的选择、结构及表述作出规定。按照这些规定起草的标准，其内容协调、形式一致、文本易于使用。

（二）标准与法律规范的异同

1. 标准与法律规范的相似处

首先，二者都以维护和促进社会整体利益为根本价值目标。正如《标准化工作指南 第1部分：标准化和相关活动的通用术语》（GB/T 20000.1）所指出的那样，"标准宜以科学、技术和经验的综合成果为基础"。由此可见，从本质上说，标准是通过规定一定的科学合理的行为模式维护社会公共利益，促进社会整体利益的最大化；而就法律法规而言，不同的部门法虽然在价值取向上有所差别，例如，私法一般以维护个体利益和自由为其基本目标，但无论如何，任何法律规范均须服从和服务于社会整体利益，并以维护和促进社会整体利益为最高价值目标。

其次，二者都具有规范性特征。一方面，从文本内容及其效力上看，二者都具有概括性，是一般性的、抽象性的规范，不针对具体和个别的人和事，而是可以被反复适用；另一方面，从作用上看，二者都以指导、规范人们在某方面的活动，或者调整某种社会关系为己任。

再次，二者的制定均须履行一定的程序，并且体现利益相关方的参与。法律有其严格

的立法程序，并须经由具有广泛代表性的立法机关批准和发布。而标准也应当由参加制定标准的各利益方协调一致，通过制定、审批、发布等程序，有统一的格式和表述方式。

最后，二者都具有公共物品的特征。标准从其发布之时起，即希望和欢迎越来越多的人遵守和执行该标准，而不应排斥其他人获得和使用该标准。且标准原则上应当被作为社会各阶层和各利益方都可以免费使用的一种公共物品。法律法规同样如此。

2. 标准与法律规范的区别

首先，就制定主体而言，标准可以由国际组织、我国标准化行政主管部门、地方政府的标准化行政主管机关、行业主管部门和行业协会、企业自身制定。而法律法规只能由立法机关和行使立法权的行政机关制定。

其次，从文本的内容上看，法律规则的逻辑结构，一般包括行为模式和法律后果两个要素。行为模式是指法律规则中规定人们可以行为、应该行为、不得行为的行为方式，它可以是规定义务的，也可以是赋予权利的。法律后果是指规则中指示可能的法律后果或法律反应的部分。而标准中只具有行为模式这一种内容，而不包含法律后果的部分。而且即使就行为模式而言，标准也只是规定了"应该行为"的行为方式，而较少或者不涉及"可以行为"和"不得行为"的行为方式。

再次，从作用范围上看，标准一般是以"科学性"为其基础，对技术、管理或者工作岗位等提出具体要求，其中又以规定技术要求的标准为主。很显然，法律法规的作用范围则要宽广得多，不仅包括科学技术领域，同时也深入到经济、社会、家庭关系的方方面面。

最后，从效力上看，法律法规是具有强制性效力的，而标准则以推荐性为原则。

二、标准的效力

（一）标准的一般效力

1. 标准的对象效力

标准的对象效力（即其适用对象），总的来说包括从事标准化活动的机构和组织、标准化活动管理机关以及从事标准化工作的人员三大类。而各种标准的具体适用对象，则会根据标准编制目的的不同而有所不同。

【标准案例】《标准化工作指南 第6部分：标准化良好行为规范》（GB/T 20000.6—2006）第1条第2款规定："本部分适用于各类标准化机构及从事标准化工作的人员。"

2. 标准的空间效力

标准的空间效力，可以分为在全国范围内有效和在一定区域内有效两个层级。就我国的标准管理体制而言，国家标准和行业标准在全国范围内有效；而地方标准则仅在一定区域内有效。至于团体标准和企业标准，根据社会团体和企业的业务范围而定，无法定区域。但空间的划分并不绝对，在同一标准化对象上，允许强制性标准、推荐性标准、团体标准、企业标准并存，但需要满足一定的条件。

【标准案例】 2024年4月1日起,《限制商品过度包装要求 生鲜食用农产品》(GB 43284—2023)正式施行。该标准明确了蔬菜(含食用菌)、水果、畜禽肉、水产品和蛋等五大类生鲜食用农产品是否过度包装的技术指标和判定方法,为强化商品过度包装全链条治理、引导生鲜食用农产品生产经营企业适度合理包装、规范市场监管提供执法依据和基础支撑。该标准为强制性国家标准,在全国范围内强制实施执行。实施后,生产经营主体应按照该标准要求,对生鲜食用农产品销售包装进行合规性设计。

3. 标准的时间效力

标准的时间效力,一般由标准制定主体自行决定,并且在标准中予以明确规定。标准可以从其公布之日起生效,也可以在公布后经过一段时间以后再生效。而标准的失效,则是由于标准制定主体自行废止、上位标准的公布(针对行业标准和地方标准而言),或者是被新标准所代替。除此之外,新标准的发布实施,也会代替此前就同一问题作出规定的旧标准,从而使旧标准的效力终止。

【标准案例】《高标准农田建设通则》(GB/T 30600—2022)明确规定:"本文件代替 GB/T 30600—2014《高标准农田建设通则》。"这是该标准发布后的首次修订,也是2018年党和国家机构改革,农田建设管理职能整合归并至农业农村部后,农业农村部牵头修订的第一个农田建设领域重要国家标准。

(二)标准对司法的规范效应

标准虽然不具备《立法法》所规定的"法"的外形,也不具有法律法规所特有的"国家强制力",但是基于其本身的一些特征,及其与法律法规之间的密切联系,却经常会对司法活动产生重要影响,甚至成为司法机关进行某些事实认定并作出法律结论的重要依据,这就是我们所说的"标准对司法的规范效应"。

从我国法律文本和司法审判的实践出发,标准(主要是技术标准)对司法的规范效应主要体现在以下三个方面:首先,技术标准构成了判断行政审判中事实认定构成要件的基准;其次,技术标准对于判断违约责任是否成立,以及侵权责任中加害行为的违法性有着重要作用;最后,技术标准还可以填补刑法规范上的空白构成要件,在判定罪与非罪的界限方面发挥重要功能。

以案说法

基本案情: 2023年4月,广东省茂名市高州市农业农村局接山东省临沂市兰山区市场监督管理局转来的案件线索,高州市某果蔬专业合作社生产的豇豆在农产品质量安全监督抽检中被检出常规农药噻虫胺、噻虫嗪残留不符合农产品质量安全标准。经立案查明,该合作社于2022年12月向山东省临沂市兰山区某批发商行销售了274.5公斤豇豆,销售金额0.21万元,该批豇豆常规农药噻虫胺、噻虫嗪残留不符合国家标准。至案发时,涉案批次豇豆已全部售出。2023年5月,依据《中华人民共和国农产品质量安全法》(2018年修正)第五十条之规定,高州市农业农村局对当事人作出没收违法所得,并处罚款1.25

万元的行政处罚决定。

案例解析:《农产品质量安全法》第五十条:"农产品生产企业、农民专业合作经济组织销售的农产品有下列情形之一的,责令停止销售,追回已销售的农产品,对违法销售的农产品进行无害化处理或者予以监督销毁;没收违法所得,并处二千元以上二万元以下罚款:

(一)含有国家禁止使用的农药、兽药或者其他化学物质的;

(二)农药、兽药等化学物质残留或者含有的重金属等有毒有害物质不符合农产品质量安全标准的;

(三)含有的致病性寄生虫、微生物或者生物毒素不符合农产品质量安全标准的;

(四)其他不符合农产品质量安全标准的。"

本案适用第(二)项,因农药残留超标,但未涉及禁用农药,故处罚幅度在法定范围内(2 000元~2万元)。该案处罚对象为果蔬专业合作社,说明农业经营主体(包括合作社、家庭农场等)均需对产品质量负责,不能因"小规模经营"而豁免法律责任。

(案例来源:2023年全国农业综合行政执法"稳粮保供"典型案例)

三、标准化与技术监督

(一)标准与技术监督的概念

迄今,国内外还没有关于标准与技术监督关系的权威性定义。中国计量学院洪生伟教授依据30多年来技术监督工作实践和研究,提出以下定义:技术监督是依据国家有关法律、法规、规章、技术法规和标准,运用计量检测仪器和测量技术,对产品、过程、体系或人的质量(含安全/卫生)进行检验、审核或评价,从而作出是否合格的评定、认可、认证/注册的活动过程。

本书认为,技术监督是以法律法规为准绳,以标准为依据,以计量检验检测为手段,对质量进行规范和监督管理的一种技术性很强的行政活动。

(二)标准与技术监督的关系

从以上定义我们可以看出,标准与技术监督的关系内涵是:

①技术监督的依据是国家有关法律、法规、规章、标准等。

②技术监督的基本手段是计量检测仪器和测量方法,它强调测量数据,从而确保技术监督具有高度的科学性和权威性。

③技术监督的对象主要是各类产品,尤其是具有现代科学技术含量的工农业产品,近代又扩展到过程(如安装施工过程)、体系(如质量管理体系)和人员。

④技术监督的目的是验证、认可或认证产品、过程或体系的质量是否合格(即合格评定),人员资格是否认可或注册。

⑤技术监督人员主要是质量(含安全/卫生)监督检验人员、质量认证人员,近代又延伸到标准化人员、计量监督人员。

技术监督具有很强的科学性、公正性、权威性,这是其他监督手段无法替代的。技监督工作是一项重要的综合性基础工作，其覆盖范围广泛，涉及工农业生产、工程建设、科学研究、文化教育、医药卫生、环境保护、核安全、国内外贸易、服务行业等国民经济和社会发展的各个领域，以及人民生活的各个方面。技术监督包括标准化、计量、质量、认证认可等多方面的内容，各有其独立性，但又相互联系。标准是质量的依据，计量是质量的保证，没有高标准、没有准确一致的计量保证，便没有高质量的产品。

为完善市场监管体制，营造诚实守信、公平竞争的市场环境，进一步推进市场监管综合执法、加强产品质量安全监管，让人民群众买得放心、用得放心、吃得放心，国务院将国家工商行政管理总局的职责、国家质量监督检验检疫总局的职责、国家食品药品监督管理总局的职责、国家发展和改革委员会的价格监督检查与反垄断执法职责、商务部的经营者集中反垄断执法以及国务院反垄断委员会办公室等职责整合，组建国家市场监督管理总局，作为国务院直属机构。其主要职责是负责市场综合监督管理，统一登记市场主体并建立信息公示和共享机制，组织市场监管综合执法工作，承担反垄断统一执法，规范和维护市场秩序，组织实施质量强国战略，负责工业产品质量安全、食品安全、特种设备安全监管，统一管理计量标准、检验检测、认证认可工作等。

目前，我国已形成由国家市场监督管理总局统一管理、组织协调的全国市场监督管理系统的市场监督管理，国务院有关行业主管部门的行业监督和食品卫生、药品、船舶和船用产品、动植物、环境质量等专业性监督，以及有关社会团体、新闻媒体、消费者的社会监督的全国技术监督体系。

（三）标准化与技术监督作用

标准化，就是制定标准、实施标准并进行监督管理的过程。由于标准的应用十分广泛，标准化与技术监督的作用也体现在方方面面。

1. 在保障健康、安全、环保等方面，具有底线作用

国家制定强制性标准的目的，就是保障人身健康和生命财产安全、国家安全、生态环境安全。强制性标准制定得好不好，技术监督实施得到不到位，事关人民群众的切身利益。

2. 在促进经济转型升级、提质增效等方面，具有规制作用

标准的本质是技术规范，在相应的范围内具有很强的影响力和约束力，许多产品和产业的一个关键指标的提升，都会带动企业和行业的技术改造和质量升级，甚至带来行业的洗牌。

技术监督工作中的各种质量信息，通过不同形式的产品质量新闻发布会、质量公报、通报等向社会、消费者和企业公布，使消费者可以通过这些信息了解不同企业的产品或服务的质量状况，便于选购。这样既规范了市场，引导了消费，也为企业创造了一个优胜劣汰、公平竞争的市场环境。

3. 在促进科技成果转化、培育发展新经济等方面，具有引领作用

过去，一般先有产品，后有标准，用标准来规范行业发展。而现在有一种新趋势，就是标准与技术和产品同步，甚至是先有标准才有相应的产品。创新与标准相结合，所产生

的"乘数效应"能更好地推动科技成果向产业转化，形成强有力的增长动力，真正发挥创新驱动的作用。

技术监督工作必然会促使企业建立必要的规章制度，培训生产和检验人员，提高人员素质并建立内部的监控制度，以提高企业的科技水平。

4. 在促进社会治理、公共服务等方面，具有支撑作用

标准是科学管理的重要方法，是行简政之道、革烦苛之弊、施公平之策的重要工具。在社会治安综合治理、美丽乡村建设、提升农村基本公共服务等工作中，标准化日益成为重要的抓手。通过技术监督工作，政府可以及时发现标准中存在的问题和不足，为标准的制定提供可靠的技术数据。

5. 在促进国际贸易、技术交流等方面，具有通行证作用

产品进入国际市场，首先要符合国际或其他国家的标准，同时标准也是贸易仲裁的依据。国际权威机构研究表明，标准和合格评定影响着80%的国际贸易。国际贸易中商品进口国通过颁布法律、法令、条例、规定、协议，建立技术标准、认证制度、检验制度等方式，制定严格的技术标准、卫生检疫标准、商品包装和标签包装等，从而提高进口产品的技术要求，增加进口难度。因此，重视技术监督工作有助于我国企业较好地应对国外技术性贸易措施。

第三节　我国标准化法体系

标准化工作涉及国民经济的各个领域、社会的方方面面。通过立法的形式，运用法律法规来调整标准化活动中相关方的关系，把标准化纳入依法管理轨道，是社会发展到一定阶段的必然产物。到目前我国标准化法已形成了自身的体系，使我国的标准化活动更为有序，更加规范。

视频：标准化立法的历史沿革

一、标准化法的立法历程

我国标准化法的创建是根据我国国民经济的发展、在不断的标准化实践过程中逐步进行的。了解它的历史沿革，有助于理解今天我国的标准化工作格局。

（一）中华人民共和国成立初期的分散管理

中华人民共和国成立后的初期，工业生产落后，标准化工作经历了一个从无到有的过程。党和政府高度重视标准化工作，国家各级经济管理部门分别制定了一批部门规章，对各行各业标准化工作作出了规范性的要求。

(二) 开始集中管理

20 世纪 60 年代初,工业生产和工程建设成为我国的经济工作重点。为保证国家重点建设工程质量和产品质量,1961 年 4 月,国务院审议通过了国家科委(现为科学技术部)组织起草的《工农业产品和工程建设技术标准暂行管理办法》,并于 1962 年 10 月发布试行。这是中华人民共和国成立后首部关于标准化工作的法律文件。

该办法是计划经济时代的产物,借鉴了苏联的立法经验,国家对技术标准实行强制性管理,由国家统一制定、统一发布、统一实施,技术标准成为政府的事情,企业必须也只能按照国家统一规定的技术标准组织生产。该办法规定的标准化对象是正式生产的工业产品,各类工程建设的设计、施工,由国家收购作为工业原料的、出口的以及对人民生活有重大关系的重要农产品。在标准分类上,将技术标准分为国家标准、部标准和企业标准三级,明确国家标准和部标准的强制实施效力。在标准制定原则上,确定了协商一致的原则。此外,还就标准解释问题和鼓励采用国际标准等作出了明确规定。该办法的颁发,揭开了我国标准化工作法治化的历史篇章。

(三) 法的雏形形成

随着党的十一届三中全会的召开,党中央、国务院采取了一系列重大决策和措施,经济社会发展走向新时期,标准化工作也开始了新的转折。1979 年 7 月 31 日国务院颁布了《中华人民共和国标准化管理条例》。这是我国制定发布的首部标准化行政法规。该条例全面恢复和重建了我国的标准化管理制度体系,对 20 世纪 80 年代我国工业的迅速发展,企业标准化工作的开展,吸收和借鉴国外先进的技术,引入外资和生产技术设备,起到了非常重要的作用。该条例是改革开放初期制定的法律文件,依旧保留了计划经济的痕迹,立法思路并没有新突破。该条例规定,标准一经批准发布,就是技术法规,各级生产、建设、科研、设计管理部门和企事业单位,都必须严格贯彻执行,任何单位不得擅自更改或降低标准。

在标准化对象上,扩大到正式生产的工业产品、重要的农产品、各类工程建设、环境保护、安全和卫生条件,以及其他应当统一的技术要求。在标准分类上,将技术标准分为国家标准、部标准(专业标准)和企业标准三级,要求部标准应当逐步向专业标准过渡。该条例还确立了完整的标准化管理体系,提出了标准化队伍建设要求,明确了技术委员会的职责,提出了建立相关奖励制度,强调了各类标准之间的协调配套等。该条例的颁布,加强了标准化工作的管理和监督。

1985 年 3 月 7 日,国务院发布了《产品质量监督试行办法》,由国家标准局发布实施(2023 年 8 月,该办法废止)。

(四) 正式立法阶段

随着国家经济和社会的发展,我国逐步积累了标准化实践经验,在总结《中华人民共和国标准化管理条例》实施多年的经验基础上,于 1984 年 4 月提出标准化法制订计划,前后历时近五年时间开展相关工作。

1988 年 12 月 29 日,全国人民代表大会常务委员会审议通过了《中华人民共和国标准化法》(以下简称《标准化法》)。这是中华人民共和国成立后的首部标准化法律。该法在标准分类中增设了地方标准，同时明确国家标准和行业标准分为强制性和推荐性两种类型，安全、卫生要求方面的地方标准是本行政区域内的强制性标准，确定了各类标准范围和制定原则，明确建立统一管理、分工负责的标准化管理体制，建立企业标准备案制度及标准复审制度。

1990年4月6日，国务院又发布了《中华人民共和国标准化法实施条例》（以下简称《标准化法实施条例》）。

1993年2月22日，全国人民代表大会常务委员会审议通过了《中华人民共和国产品质量法》（以下简称《产品质量法》）。

《标准化法》《标准化法实施条例》《产品质量法》的颁布和实施，标志着我国标准化工作进入法治管理阶段。

（五）法的修订

《标准化法》自1988年颁布以来，已实施了近四十年，对建立和完善我国的标准化法律法规体系、提高产品质量、促进经济社会科学发展发挥了重要作用。但随着我国社会主义市场经济体制的不断完善、科学技术的快速发展，1988年版《标准化法》已不能适应新的形势发展的需求，需要修订和进行补充。

《标准化法》修订工作自2002年启动，历时十五年对修法的必要性、重点问题进行了充分认证和深入调查研究，明确了修法的原则、主要内容和时间表。原国家质检总局、国家标准化管理委员会起草了《中华人民共和国标准化法修正案（草案）》，广泛征求意见，经反复修改完善，形成了《中华人民共和国标准化法修正案（送审稿）》，于2015年7月23日报送国务院。

国务院法制办高度重视，组织充分的调研和协调，并于2016年3月在网上向社会征求意见。2017年2月22日，国务院第一百六十五次常务会议审议通过《中华人民共和国标准化法（修订草案）》，并于3月30日提请全国人民代表大会常务委员会审议。经第十二届全国人民代表大会常务委员会第二次会议审议，于2017年9月5日该修订草案再次在中国人大网上向社会公开征求意见，在审议阶段又进一步修改完善修订草案。2017年11月4日，第十二届全国人民代表大会常务委员会第三十次会议审议通过《中华人民共和国标准化法（修订草案）》。同日，习近平签署第78号主席令，新《标准化法》正式发布，自2018年1月1日起实施。

动手探究

> **新旧版对照：《标准化法》修改了哪些地方？**
>
> 新修订的《标准化法》共六章四十五条，分为总则、标准的制定、标准的实施、监督管理、法律责任、附则。与旧法相比，新修订的《标准化法》对标准的制定、实施和监督管理作了全方位、全过程的规定。法律规定，标准包括国家标准、行业标准、地方标准和团体标准、企业标准。国家标准分为强制性标准、推荐性标准，行业标准、地方标准是推荐性标准。强制性标准必须执行。国家鼓励采用推荐性标准。

> 在标准的制定方面，新《标准化法》规定，对保障人身健康和生命财产安全、国家安全、生态环境安全以及满足经济社会管理基本需要的技术要求，应当制定强制性国家标准。新《标准化法》还提出，强制性标准文本应当免费向社会公开。国家推动免费向社会公开推荐性标准文本。
>
> 在标准的实施方面，新《标准化法》规定，不符合强制性标准的产品、服务，不得生产、销售、进口或者提供。国家实行团体标准、企业标准自我声明公开和监督制度。新《标准化法》还规定，标准的复审周期一般不超过五年。经过复审，对不适应经济社会发展需要和技术进步的应当及时修订或者废止。
>
> 请仔细比对新旧版本《标准化法》，找出它们的变化吧！

二、标准化法体系的层次

视频：我国标准化法律法规体系

从1988年12月第一部《标准化法》颁布开始，经过多年的发展和逐步完善，我国已形成了标准化法体系。这个体系中的法律法规有不同的层次，可划分为法律、行政法规、地方法规、部门规章、地方规章五个层次，由不同的立法部门组织制定。

但按法的效力划分，有以下几个层次：

（一）法律

在标准化法律法规体系中处于顶层的是法律，目前在此体系中有两部法律，分别是《标准化法》和《产品质量法》。这两部法律是我国标准化法治建设的最高形式，也是我国标准化管理的根本大法，对我国有关标准化的根本问题都作了原则性的规定，调整我国标准化活动相关方的关系。

（二）法规

标准化法规可分为两级：一级是中央制定的标准化法规，其适用范围为全国；另一级是地方制定的标准化法规，其适用范围仅适用于制定此法规的省、自治区、直辖市以及国务院批准的较大的市行政区域。

在目前我国标准化法体系中，中央制定的标准化法规即国务院发布的《标准化法实施条例》（注：对应于1988年版《标准化法》）、《中华人民共和国认证认可条例》（以下简称《认证认可条例》）等。地方制定的标准化法规，如2020年广东省发布的《广东省标准化条例》、2021年浙江省发布的《浙江省标准化条例》、2021年重庆市发布的《重庆市产品质量条例》。

(三) 规章

标准化规章在我国标准化法体系中是量最大的规范性文件，它是根据《标准化法》《标准化法实施条例》等法律法规，在本部门的权限内制定的有关标准化工作的办法、规定等规范性文件。

标准化规章可分为两级，一级是中央制定，另一级是地方制定。在中央制定的标准化部门规章这一级中又分为两个层次：第一层次为国务院标准化行政主管部门（国家标准化管理委员会）制定的标准化规章，其适用范围为全国，如《国家标准管理办法》《行业标准管理办法》《地方标准管理办法》《团体标准管理规定》《全国专业标准化技术委员会管理办法》《采用国际标准管理办法》等；第二层次即国务院有关行政主管部门（国务院有关部委局），按其部门分工管理的权限制定的标准化部门规章，其适用范围为其所属的行业，如工业和信息化部制定的《工业通信业行业标准制定管理办法》《工业和信息化部专业标准化技术委员会管理办法》，国家能源局制定的《能源标准化管理办法》《能源行业标准英文版翻译出版管理办法（试行）》等，这一层次的部门规章，仅在其主管部门分工管理的行业内适用。地方制定的标准化规章，仅适用于制定此规章的省、自治区、直辖市以及国务院批准的较大的市行政区域，如上海市发布的《上海地方标准管理办法》《上海市地方标准化技术委员会管理办法》等。

> **普法课堂**
>
> **《广东省标准化条例》自 2020 年 10 月 1 日起施行**
>
> 2020 年 7 月 29 日，广东省第十三届人民代表大会常务委员会第二十二次会议审议通过《广东省标准化条例》，自 2020 年 10 月 1 日起施行，标志着广东省全面实施标准化战略工作格局进一步形成。
>
> 该条例的制定以《标准化法》为依据，以广东省多年来的标准化工作经验成果为基础，借鉴了兄弟省市的有益做法，以问题为切入口，以实效为落脚点，是广东省标准化人员和法律工作者的智慧结晶，将有效解决多年来制约广东省标准化工作的瓶颈问题，为全面实施标准化战略、推动经济高质量发展奠定坚实的法制基础。

我国标准化法律法规从中央到地方二级立法，由法律、法规、规章和规范性文件几个不同的层次构成了目前我国标准化法体系，调整着我国标准化活动各个相关方的关系，见表 1-2。

表 1-2 我国标准化法体系

层次	中央立法		地方立法
	国家级	国务院部委（部门）级	地方级
法律	《标准化法》 《产品质量法》		

续表

层次	中央立法		地方立法
	国家级	国务院部委（部门）级	地方级
法规	《标准化法实施条例》（注：对应于1988年版《标准化法》）		上海市：《上海市标准化条例》
	《认证认可条例》		浙江省：《浙江省标准化条例》
	……		广东省：《广东省标准化条例》
	……		……
规章	《国家标准管理办法》	住房和城乡建设部：《工程建设国家标准管理办法》	上海市：《上海地方标准管理办法》
	《行业标准管理办法》	住房和城乡建设部：《实施工程建设强制性标准监督规定》	上海市：《上海市地方标准化技术委员会管理办法》
	《地方标准管理办法》	工业和信息化部：《工业通信业行业标准制定管理办法》	上海市：《上海市公共信息图形标志标准化管理办法》
	《团体标准管理规定》	工业和信息化部：《工业和信息化部专业标准化技术委员会管理办法》	广东省：《广东省标准化监督管理办法》
规章	《全国专业标准化技术委员会管理办法》	农业农村部：《农业农村部专业标准化技术委员会管理办法》	广东省：《广东省市场监督管理局专业标准化技术委员会管理办法》
	《采用国际标准管理办法》	国家能源局：《能源行业标准英文版翻译出版管理办法（试行）》	广东省：《广东省市场监督管理局标准化试点示范项目管理办法》
	《采用国际标准产品标志管理办法》	文化和旅游部：《文化和旅游标准化工作细则》	浙江省：《"浙江标准"管理办法（试行）》
	《国家标准涉及专利的管理规定（暂行）》	……	浙江省：《浙江省地方标准实施效果评估工作指南（试行）》
	《企业标准化管理办法》		浙江省：《浙江省标准化试点项目管理办法》
	《农业标准化管理办法》		……
	《能源标准化管理办法》		
	《自然资源标准化管理办法》		
	……		

第四节　国际标准化法规

国际贸易组织（WTO）、国际标准化组织（ISO）、国际电工委员会（IEC）、欧盟，以及工业先进国家，如美国、日本等，均有相关的标准化法规和较为完善的标准化法规系统。

一、WTO/TBT 技术法规、标准和合格评定程序

在国际上由于国际贸易的需要，国际贸易组织要求各成员关于货物贸易必须签署和履行相关的协定和协议，如 WTO/TBT 协议、WTO/SPS 协议等十几个协议。其中，WTO/TBT 协议即《技术性贸易壁垒协议》，是国际贸易组织对各成员标准化工作的规定，因此也被称为《标准守则》。

（一）定义

在 WTO/TBT 协议中，对技术法规、标准、合格评定程序给出了以下的定义：

1. 技术法规

技术法规是指规定强制执行的产品特性或其相关工艺和生产方法，包括适用的管理规定在内的文件。该文件要求强制遵守，可包括或专门涉及产品、工艺或生产方法的相关术语、符号、包装、标志或标签要求。

在 WTO/TBT 协议中规定各成员制定和实施的技术法规必须有合法的目标。此类合法目标包括：国家安全要求；防止欺诈行为；保护人类健康或安全、保护动物或植物的生命或健康及保护环境。有些成员由于基本气候因素或地理因素或基本技术问题，也可特殊制定技术法规。

2. 标准

标准是指经公认机构批准的，规定非强制执行的，供通用或重复使用的产品或相关工艺和生产方法的规则、指南或特性的文件。该文件为非强制性，也可包括涉及产品、工艺或生产方法的相关术语、符号、包装、标志或标签要求。

3. 合格评定程序

合格评定程序是指任何直接或间接用以确定是否满足技术法规或标准中的相关要求的程序。

合格评定程序包括抽样、检测、检验、认证、认可、注册、符合性声明等。

（二）技术法规与标准的关系

迄今为止，我国并未通过法律法规的形式对"技术法规"作出明确的定义。技术法规由各成员国（地区）政府组织制定并颁布，以法律强制力实施，中国的技术法规表现形式是强制性国家标准，是按照标准的制修订程序修订的。

1. 标准与技术法规的关联性

标准与技术法规之间存在着紧密的联系，此种联系是客观的、必然的。这是因为，随

着科学技术的突飞猛进，社会生活中出现了越来越多的技术问题和专业问题，相应地，法律法规作为调整社会关系的一种规范性文件，就必须对各种技术问题和专业问题作出认定、判断和解决。在此种情况下，标准作为回应和解决技术问题和专业问题的重要手段，自然而然地将会被立法者所重视和吸纳，成为法律法规（尤其是技术法规）的重要支撑。

就技术法规与标准的结合方式而言，在技术法规中引用或者直接使用标准是较为常见的方法。除此之外，技术法规也可以仅仅提出技术要求，而标准则负责对该种技术要求予以解释和细化。

2. 标准与技术法规的差异

标准和技术法规之间必须具有清晰而明确的界分，只有这样，才能充分发挥二者各自的作用与优势，并且相互配合，相辅相成。

具体来说，技术法规是正式的法律渊源，是法律法规的一种，具有强制效力。美国、欧盟、日本的技术法规均由政府制定和发布，并强制实施，无须与相关方协商。其制定过程遵循法定立法程序，属于法规体系范畴。技术法规的规制范围涵盖人类健康与安全、动植物安全、环境保护及国家安全等领域。

标准虽然也是一种规范性文件，但其并不是法律法规，并不具有强制效力（如前所述，即使是"强制性标准"，其"强制性"也应当是法律法规赋予标准实施的强制性，而非标准自身的属性）。标准可以由政府机关组织制定和发布，也可以由行业协会和民间组织自发组织制定，其产生过程有专门的程序要求，并遵循协商性原则。标准的内容比较宽泛，不仅可以涉及人类健康、安全，动植物安全，环境保护，国家安全等领域，而且也可以针对其他的产品技术要求、管理体系、服务等问题。

WTO/TBT 协议与 WTO/SPS 协议的宗旨是为了国际贸易的自由化和便利化，在技术法律、标准、合格评定程序等技术方面展开国际间的协调，在国际上技术法规是强制性的，标准是推荐性的。在国际货物贸易中标准必须与法规协调，服从法规。技术法规可能包括技术规范或指定使用特定的标准作为符合的方式。当标准被法规引用时它的性质就发生变化，成为强制性的。在国际上强调技术法规对贸易组织的各成员必须公开、透明、平等且无歧视性。

WTO 中各成员必须遵守 WTO/TBT 协议与 WTO/SPS 协议，根据上述原则，各成员的技术法规必须对国际货物贸易不构成技术壁垒，并且应将其技术法规向 WTO 中的各成员进行通报，也就是我们通常所说的 WTO/TBT、WTO/SPS 通报，同时接受各成员的评议。我国的强制性国家标准视同中国的国家技术法规，因此我国的强制性国家标准中与国际上有差异的部分内容也应向各成员进行通报和接受评议。

二、ISO/IEC 的法规管理

ISO 和 IEC 都是国际标准组织，国际标准更加重视人类的安全和健康。ISO、IEC 在食品安全、消费品安全、电气安全、设备安全、公共安全等领域都制定了大量的国际标准，并成为各国制定技术法规的依据。

国际标准化活动是从电工领域开始的。1870 年以后，电灯、电热器以及各种插头、插座、电阻丝等得到广泛使用。由于产品质量问题、标准不统一，常常发生人身安全事故。

于是用电安全和电工产品标准化问题提到议事日程上来，国际上成立了IEC。

IEC下设多个委员会，包括技术委员会、分技术委员会和工作组，这些委员会负责处理具体的标准化工作，确保电工和电子领域的标准制定和实施。IEC尤其重视电工、电子、电气的安全，专门设立了电气安全顾问委员会（ACOS），研究有关电气安全问题。在IEC中很多专业技术委员会（TC/SC）都与电气产品的安全有关，涉及电气产品安全的IEC/TC主要有：

①TC23/SC23B 插头、插座和开关；
②TC31 防爆电气设备；
③TC44 机械安全；
④TC61 家用和类似电器的安全；
⑤TC64 电气装置及电击保护；
⑥TC66 测量、控制和实验室设备的安全；
⑦TC76 光辐射安全和激光设备；
⑧TC78 带电作业；
⑨TC81 雷电防护；
⑩TC89 着火危险试验；
⑪TC99 在额定交流电压1kV和直流电压1.5kV以上系统中电力设备的系统工程和施工，特别涉及安全方面；
⑫TC108 音频/视频、信息技术和通信技术领域内电子设备的安全。

在IEC的标准制定工作中，发布了大量涉及电工技术、电子设备及电气安全领域的国际标准。例如：IEC/TC61制定的IEC 60335《家用和类似用途电器的安全》，对家用电器的安全、性能和可靠性等方面提出了全面要求；IEC/TC64则专注于电气装置、建筑物电气安全及防电击保护等领域，制定了多项相关国际标准。

IEC组织中有合格评定局（CAB），设有三个认证体系：
①电子元器件质量评定体系（IECQ）；
②电气设备检测与认证体系（IECEE）；
③防爆电气安全认证体系（IECEx）。

IEC除了制定电工电子国际标准，还从事电工电子产品的质量合格评定、安全认证等工作。IEC根据自己的标准直接实施多边合格评定计划，这是由国际组织直接开展的国际认证。

三、欧盟的技术指令与协调标准

在国际标准化活动中，区域标准化组织要求其成员共同遵守统一的规则。全球主要区域标准化组织包括欧盟、北美、阿拉伯地区、东盟和非洲等。其中，欧盟的标准化活动最为活跃，已建立起系统完善的标准化法律法规体系，成为区域标准化实践的典范。

欧盟在它的法律体系框架下，对技术法规、标准、合格评定程序进行协调。技术法规协调仅限于欧盟各成员国的健康、安全、消费者保护和环境保护的要求，主要是通过新方法指令将各国的法规差异协调到共同体的水平，即通过多数同意、开放、透明的方式将各国的标准协调到欧洲的水平。这就是我们讲的欧盟技术指令与协调标准。

欧盟技术指令仅规定强制性的产品投放市场必须满足的基本要求，不包含详细的技术规范。新方法指令不针对一个具体的产品，指令覆盖大类产品族。产品只要符合协调标准可以被推定满足新方法指令的基本要求。新方法确认由三个欧洲标准化机构负责制定协调标准，即欧洲标准化委员会（CEN）、欧洲电工标准化委员会（CENELEC）、欧洲电讯标准化委员会（ETSI）。在欧洲协调标准有时与国际标准制定是同步进行的。协调标准就是满足欧盟新方法指令规定的基本要求的标准，支撑欧洲法律的标准。欧洲的合格评定程序采用法规符合性管理制度，协调标准成为合格评定的依据。电器产品只要通过合格评定被确认符合协调标准，可认定为满足新方法指令的基本要求，同时可以采用 CE 标志。标准通过提供技术规范来支撑技术法规基本要求的实施，是技术法规的补充。

与电器产品安全、环保要求、节能及能源利用等标准化领域有关的欧盟新方法指令有：低电压指令（LVD）；玩具安全指令；建筑产品指令；机械安全指令；医疗装置指令；电磁兼容指令（EMC）；废弃电子电器设备指令（WEEE）；限制有害物质使用指令（RoHS）；用能产品生态设计指令（EuP/ErP）；化学品指令（REACH）。

欧盟新方法指令是完全协调的指令，将代替所有有关的国家法规。欧盟要求其成员国有义务将新方法指令转换为国家法规，同时撤销所有与之相悖的国家法规。

四、工业先进国家的标准化法规

（一）美国的法律法规与标准

在国际标准化格局中，美国是重要的一极。美国高度重视标准化战略布局，其法律法规比较健全，标准化模式也具有鲜明特点。研究美国的法律法规与标准机制，有利于我们在标准化工作中借鉴其成功经验，提升标准化水平。

1995 年，美国国会通过《国家技术转移和进步法》（NTTAA, U.S. National Technology Transfer and Advancement Act），正式从法律上确立了美国特有的标准化体系。美国的技术法规具有复杂性和多样性，包含法律、法案、条例、规则、行政命令、总统令等多种形式。严格来说，在美国的法规体系中，并不存在独立的技术法规类别，相关要求分散于美国联邦法规体系不同层级。

美国的技术法规主要存在两个层级：第一层级是国会制定的成文法，包括《美国法典》（USC）、公法（Public Laws）和单行法案（Acts）；第二层级是联邦政府部门根据法律授权制定的行政规章，包括条例（Regulations）、技术规范（Technical Specifications）和强制性标准（Mandatory Standards）。以消费品安全领域为例，第一层级的法案包括《消费品安全法案》（CPSA）、《消费者安全改进法案》（CPSIA）、《联邦危险物质法案》（FHSA）、《易燃纺织品法案》（FFA）、《有毒物质控制法案》（TSCA）和《制冷器安全法案》（RSA）。

美国技术法规的具体实施主要通过《联邦法规汇编》（CFR）体现。CFR 的内容包括：对美国现行有效法律的直接引用，以及对法律、法案和总统令的具体实施规定。这些法规由联邦政府部门制定，并通过《联邦公报》（Federal Register）发布。CFR涵盖了联邦法规的各个领域，其中涉及产品性能、工艺流程、加工方法、包装标识和管理要求等方面的规定，构成了美国技术法规体系的具体实施框架。

美国标准，尤其是工业标准，在国际范围内受到广泛的重视。有些虽不是国际标准，但起到事实上国际标准的作用。如NEMA标准、ASTM标准等。美国的一系列标准化工作都是依法开展的。美国技术法规有很强的机构相关性，这不仅因为在CFR层次的技术法规由各管理机构制定，并且因为技术法规的实施也依赖于各管理机构。机构设置好像非常分散，但机构之间分工明确，又联系紧密，各部门根据法律的授权制定部门的技术法规和标准。

（二）日本的技术法规与标准及肯定列表制度

日本标准化法律法规十分健全，法律的基本目标和框架数十年始终保持不变，具体内容会根据国际国内形势变化不断修订，保持标准化法律体系稳定中保持先进性，随时保持对日本经济发展的适应性。两部标准化法为其奠定了基础，分别是：

①《日本工业标准化法》：是规范日本工业标准化活动的根本大法。在日本，质量上最权威的工业标准（JIS）认证就是由此法提供的评定制度。

②《日本农林产品标准化和正确标签法》：制定和推广采用日本农林标准（JAS），谋求生产、使用和消费合理化。该法建立质量分级标准，充实和明确质量表示制度及方法。

日本的技术法规由政府各行政部门组织制定，政府各部门以省令或通告形式发布。日本大部分技术法规是以"省令""通告"形式发布的。日本对贸易、市场、产品的管理依据各种技术法规、标准和合格评定程序。日本的技术法规与标准名目繁多，和产品技术有关的法律如《电气用品安全法》《消费生活用品安全法》《食品卫生法》《药品法》等。与这些法律配套的还有相应的技术法规，要求管制的产品必须符合标准要求和认证制度。技术法规提出了基本的技术要求，其中标准（在日文中被称为"基准"）在技术法规中作为技术要求的支撑。日本国家标准分成工业标准（JIS）、农林标准（JAS）和由日本行业组织（日本规格协会）制定的行业标准。

例如，《电气用品安全法》属于技术性法律，将电气用品划分为19个种类，根据产品特点又更细分为450种小类。又划分为特定电气用品和非特定电气用品，《电气用品安全法》规定了112种产品为特定电气用品。日本用于电气用品的合格评定程序是PES认证。作为特定电气用品，必须进行强制性认证。执行《电气用品安全法》对电气产品进行认证、测试必须依照相关的技术标准。日本颁布了《电气用品技术基准省令》，是日本经济产业省的技术指令，说明电气用品测试所用的技术标准，在《电气用品技术基准省令》中称为"技术基准"。

2006年5月29日，日本正式实施《食品中农业化学品残留限量标准》，对日本食品可能接触的农用化学品的残留标准进行规定，也就是我们通常所说的日本肯定列表制度。日本肯定列表制度涉及所有最新农药、兽药及饲料添加剂等残留限量标准。该制度中的临时标准涉及734种农药、兽药和饲料添加剂，并对食品中未设残留标准的农用化学品采取"一律标准"。

本章小结

本章主要简要介绍法与法律的概念、本质和特征；立法的概念、我国的立法体制和程序；标准的法律性质、我国标准化法体系。我国标准化法体系既包括全国人民代表大会及其常务委员会制定的与标准化相关的法律，也包括国务院制定的行政法规、国务院有关部委制定的部门规章，以及地方性法规与地方政府规章。其中，由国家市场监督管理总局和国家标准化管理委员会制定的部门规章在我国的标准化法体系中占据着主要地位。

另外也简要介绍了国际上WTO/TBT协议与标准有关的法规和欧盟有关技术法规的概念，欧盟与标准有关的指令（技术法规），工业先进国家的标准化法规，如美国的技术法规与标准、日本的技术法规和标准及肯定列表制度。

小 测

一、单选题

1. 法是由（　　）制定或认可的并依靠国家（　　）保持实施的行为规范的总和，它反映由特定物质条件所决定的掌握政权者的意志，并以实现其所期望的社会关系和价值目标为目的。

　　A. 机构、强制　　　　　　　　　　B. 国务院、宣传
　　C. 国家专门机关、强制力　　　　　D. 地方、同意

2. 对于违法犯罪行为的制裁和惩罚，体现了法律的（　　）。

　　A. 评价作用　　　　　　　　　　　B. 强制作用
　　C. 教育作用　　　　　　　　　　　D. 指引作用

3. 法律是指由我国最高权力机关，即我国国家立法机关——（　　）制定的对国家社会和公民生活中具有根本性的社会关系或基本问题进行调整的规范性法律文件。

　　A. 国务院　　　　　　　　　　　　B. 全国人民代表大会及其常务委员会
　　C. 国务院部委　　　　　　　　　　D. 中央

4. 下列选项中属于国务院职能范围的是（　　）。

　　A. 修改宪法
　　B. 制定和修改基本法律
　　C. 批准省、自治区和直辖市的划分
　　D. 对国防、民政、文教、经济等各项工作的领导和管理

5. 国家制定的规范性文件有（　　）。

第一章　法的基础与标准化法基本理论

A. 国家行政机关的裁决　　　　　　B. 立法机关的法律
C. 审判机关的判决　　　　　　　　D. 公安机关的逮捕证

6. 《标准化法》是我国标准化（　　　）。
   A. 标准　　　　　　　　　　　　B. 法律
   C. 法规　　　　　　　　　　　　D. 规章

7. 《上海市标准化条例》《广东省产品质量监督条例》都属于地方标准化（　　　）。
   A. 规范　　　　　　　　　　　　B. 规章
   C. 法规　　　　　　　　　　　　D. 法律

8. 关于法律和国家关系的表述中，正确的是（　　　）。
   A. 国家需要法律
   B. 法律先于国家而产生
   C. 法律不一定从属于国家
   D. 法律的产生与国家的产生没有必然联系

9. 下列选项中，不属于民族自治地方自治机关的是（　　　）。
   A. 民族乡的人民政府　　　　　　B. 自治州的人民政府
   C. 自治县的人民政府　　　　　　D. 自治区的人民政府

10. 法律主要体现的是（　　　）的意志。
    A. 全民　　　　　　　　　　　　B. 统治阶级
    C. 党　　　　　　　　　　　　　D. 整个社会

11. 我国标准化法的雏形诞生在（　　　）。
    A. 1965 年　　　　　　　　　　 B. 1949 年
    C. 1970 年　　　　　　　　　　 D. 1979 年

12. 修订后的《标准化法》自何时起正式实施？（　　　）
    A. 2018 年 1 月 1 日　　　　　　B. 2017 年 11 月 4 日
    C. 2019 年 5 月 1 日　　　　　　D. 2020 年 3 月 1 日

13. 《标准化法》《标准化法实施条例》和（　　　）的颁布与实施标志着我国标准化工作进入法治管理的阶段。
    A. 《产品质量法》　　　　　　　B. 《标准化管理条例》
    C. 《产品质量监督试行办法》　　D. 《产品质量监督管理实施办法》

14. WTO/TBT 协议即《技术性贸易壁垒协议》，是 WTO 对各成员标准化工作的规定，因此也称为（　　　）。
    A. 《标准协议》　　　　　　　　B. 《标准守则》
    C. 《技术协议》　　　　　　　　D. 《技术守则》

15. 下列不属于合格评定程序的是（　　　）。
    A. 抽样、检验和检查　　　　　　B. 评估、验证和合格保证注册
    C. 认可和批准　　　　　　　　　D. 标志授权

二、简答题

1. 法律、法规、规章三者的差别和联系是什么?
2. 我国标准化法体系有什么特点?

参考答案

第二章　标准制定与实施的法律制度

学习目标

1. 系统了解和理解《标准化法》的主要内容。
2. 了解我国标准化工作管理体制、标准化管理机构的层次、标准化管理的基本制度。
3. 掌握《标准化法》对标准的分级、标准性质的规定及其适用范围等。
4. 理解《标准化法》对不同性质标准实施的有关规定。
5. 了解各方执行强制性标准的法律责任。

本章导读

如果标准化工作者要制定一项标准（无论是产品技术标准还是管理标准、服务标准）时，如何考虑此标准的适用范围？它的执行力度如何？当一般的工作人员或管理人员要实施一项标准时，是否了解在标准的执行中可能触犯与标准化有关的法律法规？要解决上述问题，必须充分了解我国对标准的制定工作、标准的约束力、标准的管理等有关规定。

《标准化法》自1989年4月1日起施行，实施多年后根据国家发展情况进行了修订，新版《标准化法》于2018年1月1日实施。新版《标准化法》规定了我国标准化的宗旨、管理体制、标准的制定、标准的实施、监督管理和法律责任等内容。它的主要作用是规定和指导我国各个行业、企业的标准化工作、科研、生产、管理，以及与标准化有关的行为。

学习主题

- 标准化法概述
  - 《标准化法》的立法宗旨
  - 标准的范围和分类
  - 标准化工作的任务
  - 《标准化法》的基本原则
  - 标准化表彰奖励

- 标准制定与实施的法律制度
  - 标准制定
    - 标准制定的基本原则
    - 强制性标准制定
    - 推荐性国家标准制定
    - 行业标准制定
    - 地方标准制定
    - 团体标准和企业标准制定
    - 优先制定急需标准和支持创新标准
    - 标准编号与标准文本公开
  - 标准实施
    - 强制性标准实施
    - 企业与团体标准的自我声明公开与监督制度
    - 技术创新的标准化要求
    - 标准重复交叉等问题的处理
    - 出口产品和服务技术要求
    - 标准化的示范推动

- 监督管理
  - 标准监督管理体制
  - 标准争议协调解决机制
  - 标准未依法编号、复审或备案的处理
  - 举报和投诉

- 法律责任
  - 民事责任
  - 行政责任和刑事责任
  - 企业未公开标准的法律责任
  - 违反标准制定基本原则的处理
  - 拒不执行责令改正决定的法律责任
  - 国务院标准化行政主管部门违法的法律责任
  - 社会团体和企业未依法编号的法律责任
  - 渎职行为处理

第一节　标准化法概述

视频：新修订《标准化法》解读

一、《标准化法》的立法宗旨

（一）加强标准化工作

自1988年《标准化法》颁布实施以来，全国标准化事业快速发展，标准化在保障产品质量安全、促进产业转型升级和经济提质增效、服务外交外贸等方面发挥了重要作用。但是我国标准体系和标准化管理体制存在政府与市场角色错位、市场活力未能充分释放等问题，既阻碍了标准化工作的有效开展，又影响了标准化作用的发挥，需要修订《标准化法》，调整标准体系、管理体制，加强标准化工作。

（二）提升产品和服务质量

标准决定质量，有什么样的标准就有什么样的质量。一方面，标准是企业组织生产和提供服务的依据。企业严格按照标准要求生产，产品品质才有保证。企业严格按照标准规范服务，才能提高服务质量。另一方面，标准是执法监管和消费者维权的依据。新《标准化法》进一步规范了标准制定的程序和要求，提升了标准质量和水平，促进了产品和服务质量提升。

（三）促进科学技术进步

科学性是标准的本质属性。标准来源于创新，是科技创新成果的总结，同时又是科技成果转化应用的桥梁和纽带。标准的实施过程就是科技成果普及推广的过程。修订后的《标准化法》为科学技术成果转化为标准提供了制度保障，将有效促进科技进步与创新发展。

（四）保障人身健康和生命财产安全，维护国家安全、生态环境安全

保障人身健康和生命财产安全，维护国家安全、生态环境安全，离不开制度保障。标准作为基础性制度，是国家保障各类安全的技术基础和基本准则。通过修订《标准化法》，明确强制性标准的制定范围、程序和要求，规范政府部门依法制定实施和适时修订与保障、维护安全相关的各类标准，为各类与安全相关的行为、产品、服务等设置底线和门槛，为保障和维护各类安全筑牢屏障。

（五）提高经济社会发展水平

标准是经济社会活动的技术依据。通过修订《标准化法》，引导和鼓励全社会运用标

准化方式组织生产、经营、管理和服务,能够切实提升经济效益、社会效益和生态效益,全面提高经济社会发展水平。

二、标准的范围和分类

(一) 标准的范围

《标准化法》第二条将标准的范围界定为"农业、工业、服务业以及社会事业等领域需要统一的技术要求"。也就是通常我们所说的对我国标准化对象的规定。规定在我国哪些对象需要通过制定标准进行统一和规范要求。我们把标准范围及标准化对象归类如下:

1. 农业领域

农业领域需要统一的技术要求,包括种植业、林业、畜牧业、渔业等产业,以及与其相关的产前、产中、产后服务等方面需要统一的技术要求,主要包括农业产品(含种子、种苗、种畜、种禽)的品种、规格、质量、等级、检验、包装、储存、运输以及生产技术、管理技术等要求。

2. 工业领域

工业领域需要统一的技术要求,包括采矿业、制造业、能源业、建筑业等行业。

①产品本身的要求:产品的安全、卫生要求;产品品种、规格、质量、等级要求。

②工业产品生产、流通、使用过程中的技术要求:产品的设计、生产、检验、包装、储存、运输、使用的方法或者生产、储存、运输过程中的安全、卫生要求。

③资源节约和环境保护的安全、卫生指标和检验方法,环境质量、污染物排放要求及其检验方法。

④建设工程的勘察、设计、施工、验收的技术要求和方法。

⑤术语、符号、代号及制图方法:有关工业生产、工程建设和环境保护的各种技术术语、有特定含义的图形、标志、符号、代号,代表某种概念或事物的字母或数字和文件格式、设计绘图方法。

3. 服务业领域

服务业领域需要统一的技术要求,包括生产性服务业(交通运输、邮政快递、科技服务、金融服务等)、生活性服务业(居民和家庭、养老、健康、旅游等)各领域,对服务各要素(供方、顾客、支付、沟通等)提出的服务能力、服务流程、服务设施设备、服务环境、服务评价等管理和服务要求。

4. 社会事业领域

社会事业领域需要统一的技术要求,包括国家为了社会公益目的所提供的公共教育、劳动就业创业、社会保险、医疗卫生、社会服务、住房保障、公共文化体育、残疾人服务等基本公共服务,以及政务服务、社会治理、城市管理、公益科技、公共安全等领域的服务功能、质量要求、管理和服务流程、管理技术、监督评价等要求。

（二）标准样品

标准样品是实物标准，是保证在不同时间和空间实施结果一致性的参照物，具有均匀性、稳定性、准确性、好溯源性。

国家标准样品被广泛应用于分析仪器校准、分析方法验证和确认、分析数据比对、产品质量评价、检验人员技能评定等方面。如钻石的颜色，使用比色石作为标准样品进行判定。

（三）标准的分类

我国标准按制定主体分为国家标准、行业标准、地方标准和团体标准、企业标准。国家标准、行业标准和地方标准属于政府主导制定的标准，团体标准、企业标准属于市场主体自主制定的标准。国家标准由国务院标准化行政主管部门制定。行业标准由国务院有关行政主管部门制定。地方标准由各地方设区的市及以上人民政府标准化行政主管部门制定。团体标准由学会、协会、商会、联合会产业技术联盟等社会团体制定。企业标准由企业制定。

三、标准化工作的任务

视频：标准化立法宗旨和任务

（一）标准化工作任务

"标准化工作的任务是制定标准、组织实施标准以及对标准的制定、实施进行监督。"这涵盖了标准化活动的全过程。

"制定标准"是指标准制定部门对需要制定标准的项目，编制计划，组织草拟，审批、编号、发布的活动；《标准化法》规定："制定标准应当在科学技术研究成果和社会实践经验的基础上，深入调查论证，广泛征求意见，保证标准的科学性、规范性、时效性，提高标准质量。""国家鼓励企业、社会团体和教育、科研机构等开展或者参与标准化工作。""国家积极推动参与国际标准化活动，开展标准化对外合作与交流，参与制定国际标准，结合国情采用国际标准，推进中国标准与国外标准之间的转化运用。国家鼓励企业、社会团体和教育、科研机构等参与国际标准化活动。""对在标准化工作中作出显著成绩的单位和个人，按照国家有关规定给予表彰和奖励。"

"组织实施标准"是指有组织、有计划、有措施地贯彻执行标准的活动。

"对标准的制定、实施进行监督"是指对标准的贯彻执行情况进行督促、检查和处理的活动。

（二）纳入国民经济和社会发展规划

"县级以上人民政府应当将标准化工作纳入本级国民经济和社会发展规划，将标准化工作经费纳入本级预算。"县级以上人民政府应当重视标准化工作，明确任务、目标、推动措施，并与国民经济和社会发展相协调，作为支撑地区产业发展、促进科技进步、提升社会治理能力和水平的一项重要工作。应在政府预算中明确标准化工作经费，保障标准化工作顺利开展。

四、《标准化法》的基本原则

《标准化法》的基本原则，是指贯穿于《标准化法》之中的、人们在标准化管理和标准化协作中必须遵循的根本原则。

（一）统一管理、分工负责原则

我国标准化管理体制采用统一管理、分工负责的标准化工作管理体制，见表2-1。

表2-1　我国标准化工作管理体制一览表

部门	权限	职责
国务院标准化行政主管部门	统一管理全国标准化工作	（1）组织贯彻国家有关标准化工作的法律、法规、方针、政策； （2）组织制定全国标准化工作规划、计划； （3）负责强制性国家标准的立项、编号、对外通报和批准发布； （4）负责制定推荐性国家标准； （5）指导国务院有关行政主管部门和省、自治区、直辖市人民政府标准化行政主管部门的标准化工作，协调和处理有关标准化工作问题； （6）组织实施标准； （7）对标准的制定和实施情况进行监督检查； （8）负责国务院标准化协调推进部际联席会议日常工作； （9）代表国家参加国际标准化组织、国际电工委员会等有关国际标准化的组织，负责管理国内各部门、各地方参与国际或区域性标准化组织活动的工作等
国务院有关行政主管部门	分工管理本部门、本行业的标准化工作	（1）贯彻国家标准化工作的法律、法规、方针、政策，并制定在本部门、本行业实施的具体办法； （2）制定本部门、本行业的标准化工作规则、计划； （3）负责强制性国家标准的项目提出、组织起草、征求意见、技术审查，承担国家下达的草拟推荐性国家标准的任务； （4）组织制定行业标准； （5）指导省、自治区、直辖市有关行政主管部门的标准化工作； （6）组织本部门、本行业实施标准； （7）对标准实施情况进行监督检查等

续表

部门	权限	职责
县级以上地方人民政府标准化行政主管部门	统一管理本行政区域的标准化工作	（1）贯彻国家标准化工作的法律、法规、方针、政策，并制定在本行政区域实施的具体办法； （2）制定地方标准化工作规划、计划； （3）指导本行政区域有关行政主管部门的标准化工作，协调和处理有关标准化工作问题； （4）在本行政区域组织实施标准； （5）对标准实施情况进行监督检查； （6）依法对本行政区域内的团体标准和企业标准进行监督。 注：设区的市级以上地方人民政府标准化行政主管部门还依法履行组织制定地方标准的职责
县级以上地方人民政府有关行政主管部门	分工管理本行政区域内本部门、本行业的标准化工作	（1）贯彻国家和本部门、本行业、本行政区域标准化工作的法律、法规、方针、政策，并制定实施的具体办法； （2）制定本行政区域内本部门、本行业的标准化工作规划、计划； （3）承担设区的市级以上地方人民政府标准化行政主管部门下达的草拟地方标准的任务； （4）在本行政区域内组织本部门、本行业实施标准； （5）对标准实施情况进行监督检查

同时，国务院建立标准化协调机制，统筹推进标准化重大改革，研究标准化重大政策，对跨部门跨领域、存在重大争议标准的制定和实施进行协调。国务院正式成立了国务院标准化协调推进部际联席会议制度。设区的市级以上地方人民政府可以根据工作需要建立标准化协调机制，主要任务是统筹协调本行政区域内标准化工作重大事项。

（二）国家标准权威最高原则

《标准化法》第二条规定："标准包括国家标准、行业标准、地方标准和团体标准、企业标准。国家标准分为强制性标准、推荐性标准，行业标准、地方标准是推荐性标准。强制性标准必须执行。国家鼓励采用推荐性标准。"这是根据标准适用范围和审批权限的不同划分的。标准之间的关系是：对需要在全国范围内统一的技术要求，应当制定国家标准。对没有国家标准而又需要在全国某个行业范围内统一的技术要求，可以制定行业标准。在公布国家标准之后，该项行业标准即行废止。

（三）强制性标准只保留国家标准，鼓励采用推荐性标准原则

1. 强制性标准

强制性标准是国家通过法律的形式明确要求对于一些标准所规定的技术内容和要求必须执行，不允许以任何理由或方式加以违反、变更，这样的标准称为强制性标准。对违反强制性标准的，国家将依法追究当事人的法律责任。

强制性标准只保留国家一级是为了：一是避免管理条块分割，解决我国28个部门和

31个省、自治区、直辖市制定发布强制性行业标准和强制性地方标准造成的政出多门问题。二是避免交叉重复矛盾，解决强制性国家、行业、地方三级标准同时存在导致的不同程度的"打架"问题，特别是强制性国家标准和强制性行业标准适用范围、界限难以区分导致的使用者"无所适从"和监管者"执法不一"的问题。三是避免重要标准协调困难，有效解决技术面广、产业链长、涉及部门多的强制性标准协调难题，更好推动重要标准出台。

强制性标准适用于以下范围：

①保障人身健康和生命财产安全。

【标准案例】《家用和类似用途电器的安全》（GB 4706）系列国家标准对家用及类似用途电器的安全可靠性等提出了明确要求，适用于单相器具额定电压不超过250V，其他器具额定电压不超过480V的家用和类似用途电器。

②保障国家安全。

【标准案例】《计算机信息系统安全保护等级划分准则》（GB 17859—1999）规定了计算机系统安全保护能力的五个等级，适用于计算机信息系统安全保护技术能力等级的划分。

③保障生态环境安全。

【标准案例】《环境空气质量标准》（GB 3095—2012）规定了环境空气功能区分类、标准分级、污染物项目、平均时间及浓度限值、监测方法、数据统计的有效性规定及实施与监督等内容，适用于环境空气质量评价与管理。

④满足社会经济管理基本需要。

【标准案例】《公民身份号码》（GB 11643—1999）规定了公民身份号码的编码对象、号码的结构和表示形式，使每个编码对象获得一个唯一的、不变的法定号码。

2. 推荐性标准

推荐性标准，又称自愿性标准，是指国家鼓励自愿采用的具有指导作用而又不宜强制执行的标准。也就是说，推荐性标准是非强制执行的标准，允许使用单位结合自己的实际情况，灵活加以选用。国家采取优惠措施，鼓励企业采用推荐性标准。但是，推荐性标准在下列情况下必须执行：

①强制性标准引用的；
②合同约定采用的；
③社会团体、企业以及其他组织明示采用的；
④法律、法规规定应当执行的其他情形。

在实践中要注意的是以上四种情形，对于自愿性的团体标准和企业标准，也同样有参考价值。除法律法规之外，规范性文件中如果对标准执行作出了相关规定，则在该规范性文件的适用范围内，标准的执行也同样具有强制力。

普法课堂

> 中共中央办公厅、国务院办公厅印发的《粮食节约行动方案》中第二十六条中明确提出,行业协会要制定发布全链条减损降耗的团体标准,对不执行团体标准、造成粮食过度损耗的企业和行为按规定进行严格约束。

(四) 应做到有关标准的协调配套原则

"有关标准的协调配套"是指,各种相互关联的标准之间、同类标准之间、产品标准与基础标准之间、原材料标准与工艺标准之间,相互衔接,相互协调。

(五) 有利于促进对外经济技术合作和对外贸易

标准是世界通用语言,是国际贸易"通行证"。中国作为世界经济大国、贸易大国、制造大国,需要更加重视标准化在国际交往中的作用。《标准化法》第八条规定:"国家积极推动参与国际标准化活动,开展标准化对外合作与交流,参与制定国际标准,结合国情采用国际标准,推进中国标准与国外标准之间的转化运用。"这条规定是指,制定标准应积极采用国际标准和国外先进标准,充分考虑经济技术合作和对外贸易的需要。国际标准是指 ISO、IEC 和国际电信联盟 (ITU) 制定的标准,以及 ISO 确认并公布的其他国际组织制定的标准。国际标准在世界范围内统一使用。国外先进标准是指未经 ISO 确认并公布的其他国际组织的标准、发达国家的国家标准、区域性组织的标准、国际上有权威的团体标准和企业(公司)标准中的先进标准。

在经济全球化的今天,我们必须采用或制定高水平的标准,否则就不能提高我国产品的质量,就不能使其参与国际竞争,更谈不上促进我国社会经济的发展。

五、标准化表彰奖励

标准化表彰奖励制度是提高标准化工作者积极性、提升我国标准化整体水平的一项重要制度。目前我国已设立中国标准创新贡献奖,相关行业、地方、单位也设立了一些标准化奖励制度。对在标准化工作中作出显著成绩的单位和个人,给予表彰和奖励。

动手探究

中国标准创新贡献奖

中国标准创新贡献奖是我国标准化领域的最高荣誉,于 2006 年设立,其目的是为更好激励标准化工作自主创新,调动标准化工作者的积极性和创造性,提升我国标准化整体水平。

2018 年国家机构改革后,全国评比达标表彰工作协调小组对创新贡献奖予以确认,将创新贡献奖主办单位由原国家质检总局调整为国家市场监督管理总局,周期调整为两年,并明确了奖项设置和评选名额等。2020 年对《中国标准创新贡献奖管理办法》进行了第二次修订。

> 目前，中国标准创新贡献奖分为标准项目奖、组织奖和个人奖，每两年评选一次。标准项目奖设一等奖、二等奖、三等奖三个等级，各等级奖项评审标准如下：
> 一等奖：标准所包含主要内容的技术水平达到国际领先水平，聚焦原始创新技术、集成创新技术或重大瓶颈问题，创新性突出，标准实施后取得重大的经济效益、社会效益或生态效益；对促进我国国民经济和社会发展、保障健康安全、保护生态环境、维护国家利益有重大作用。
> 二等奖：标准所包含主要内容的技术水平达到国际先进水平，聚焦关键共性技术，创新性明显，标准实施后取得显著的经济效益、社会效益或生态效益，对促进我国国民经济和社会发展、保障健康安全、保护生态环境、维护国家利益有很大作用。
> 三等奖：标准所包含主要内容的技术水平达到国内领先水平，聚焦具体产品、服务、工艺和管理创新，创新性比较明显，标准实施后取得较大的经济效益、社会效益或生态效益，对促进我国国民经济和社会发展、保障健康安全、保护生态环境、维护国家利益有较大作用。
> 为全面实施标准化战略，大力营造鼓励标准创新的良好氛围，充分调动各类标准创新主体的积极性，除了国家级标准创新贡献奖，各省份也会对在标准创新工作中作出突出贡献的单位进行表彰，各省份举行标准创新贡献奖评选。
> 请动手查一查自己所在省份是否开设了省级标准创新贡献奖？其开设的时间及奖励类型都有哪些？

第二节　标准制定

如果根据标准化活动的原理，对标准化的过程予以阶段划分，则大体可以将其分为标准制定与标准实施两个阶段。标准制定，是指标准产生的过程；而标准实施，则是将标准运用于社会生活之中，使其发生实际效力。

视频：标准制定基本原则

一、标准制定的基本原则

标准制定是标准化基础性工作之一，是以公平、公正、公开、协调为基础和前提的、社会广泛参与的活动过程，是对需要制定标准的项目，编制计划，组织草拟、审批、编号、发布的活动。制定标准是一项系统工程，涉及科学技术性、经济性以及协调性，应该在国家政策法规允许的框架内，考虑国情制定，遵循以下原则：

(一) 符合国家有关政策和法规,有利于我国经济社会发展

标准是生产、市场贸易和科学管理的重要技术依据,标准的制定更应该符合国家的相关政策,不允许与国家法律、法规和方针政策相抵触。标准为经济建设服务,标准的制定有利于市场经济的发展,有利于调整和优化产业结构,有利于提高产品的质量和竞争能力,有利于提高我国综合国力和国际影响力。

(二) 保护人类安全、保护环境、合理利用资源,有利于安全和可持续发展

标准作为经验的集中体现,在制定时,应当避免危害人类安全、健康和生活环境,不能片面地追求经济发展而忽略人类的健康、资源的合理利用。改革开放后,由于工业化大生产,一些生产企业只求经济效益,不重视治理"三废",使大气、水质、土壤、城区噪声等环境污染日趋严重,带来严重的公害,危及人们的生活和生存环境。基于此,《标准化法》和《标准化法实施条例》先后明确规定了制定标准和强制性标准的对象范围,充分体现了保障生命财产安全和人民的身体健康、保护消费者利益、保护环境的原则。

另外,目前我国资源的综合利用率很低,很多资源都是单项利用或少量的综合利用,如稀有贵重金属资源、非金属矿产资源、石油资源、森林资源等。因此,在制订标准化工作计划、制定标准的时候,要贯彻合理利用资源的原则,要把节约能源、原材料消耗等作为重要的因素加以考虑,有利于我国构建节约友好型可持续发展的社会。

(三) 保护消费者的利益,有利于促进商品交易

我国生产的目的是最大限度地满足人们日益增长的物质和文化生活需求,而标准是生产者与消费者、管理者与被管理者、生产与贸易(或企业与市场)的桥梁。标准对消费者和被管理者起到了指导消费、合理消费的作用。标准在降低产品生产成本方面功效显著,能最大限度地消除生产者之间因生产规模所带来的经营条件的差别,使自由竞争得以充分实现,这些都有力地促进了商品交易。标准在很大程度上解决了消费者在信息获取方面的能力缺陷,使之更容易找到适合自己的商品,也更能够保护自己的权利,这符合生产以消费为目的的经济学基本原理。对于消费者来说,用标准来明确和保护自身的要求和利益的愿望更为强烈。所以标准的制定必须考虑满足大多数人的利益,也就是要保护消费者的利益,利于促进商品贸易,否则制定出的标准也很难被社会承认和接受。

(四) 技术先进、经济合理、安全可靠,有利于合理提高标准的适用性

制定标准应力求反映科学、技术和生产的先进成果。技术先进是指所制定的标准的水平应该反映出现代先进科学技术、先进科研成果和先进生产工艺的水平。在制定标准时应考虑到未来一段时间内科学发展趋势对标准水平的影响。经济合理是指在确定各项技术指标时要进行更全面的经济分析,在保证技术先进的前提下,要考虑这些指标是否能保证产品总量的增长、产品带来的经济效益和产品的可持续发展。安全可靠是指对那些涉及人身安全的标准中必需的安全指标或隐含安全的指标。生产安全和使用产品时的安全直接关系到人的生命,应该给予重视。

（五）统一协调，有利于发挥标准的纽带作用

统一是标准化的原理之一。在产品多样化和物质极大丰富的商品社会里，在全国范围内需要统一的要求都尽可能地制定国家标准；在一个行业中统一的要求可以制定行业标准；需要在某个地区统一的要求可制定地方标准。同种产品可由不同制造商生产，但按标准统一组织生产，可保证产品的质量是相同的。制定标准时，要注意与相关标准的协调，只有这样才能发挥标准在生产、贸易等活动中的技术支撑作用。制定产品标准时要与相应的基础标准、方法标准、安全卫生标准等协调配套，才能保证该产品的质量、性能、安全、卫生等要求。

（六）积极采用国际标准，有利于与国际接轨

制定标准应以先进的科技成果和经验为依据。国际标准或国外先进标准汇集了该专业国际一流专家的智慧，采用国际标准和国外先进标准是指把国际标准和国外先进标准的技术内容，通过分析，不同程度地纳入我国标准中，并贯彻执行。

我国自加入世界贸易组织以后，屡见不鲜的贸易壁垒案例给我国造成较为严重的贸易损失。因此，在制定标准时，应积极采用国际标准。比如，一些高新技术行业的国家标准，如电子、邮电、信息技术等行业采用国际标准均超过70%的比例。实际上，这也是消除贸易壁垒的最佳手段。

（七）遵循制定标准的原则，有利于提高标准的合理性

目的性原则是依据所确立的目的有选择地规定标准的技术内容，确保标准技术内容选择的科学性。可以从不同方面，如产业发展的需求、质量发展的需求、技术创新与产品创新的需求、国际贸易的需求、保护公众利益的需求、社会可持续发展的需求、政府监管的需求等，考虑标准制定的目的性，考虑标准的技术内容。因此，制定标准时，应考虑制定标准的目的性原则，确保标准技术内容的选择满足实际需求，达到预期的效果。

性能是指产品实现预期功能能力的特性。只要有可能，所选择规定标准的技术内容应由性能特性来表达，而不用描述特性来表达。要求用性能特性表达，会给产品的生产、设计及技术发展留有最大空间。因此，性能特性优先的原则有时也被称为最大自由度原则。

可证实性原则也可称为可检验性原则。任何标准中所规范的内容都应该是非常明确的，同时应该是可以被证实的。不论标准的目的如何，标准中只能选择能被证实的要求，因此，标准中的要求应尽可能量化，不应使用形容词。

总之，在制定标准时，遵循目的性原则、性能原则、可证实性原则，将有利于提高标准的合理性和质量。

视频：《强制性国家标准管理办法》要点解析

二、强制性标准制定

(一) 强制性国家标准的制定范围

为了加强强制性标准的管理,除了另有规定,只设强制性国家标准一级,行业标准和地方标准均为推荐性标准。强制性国家标准严格限定在保障人身健康和生命财产安全、国家安全、生态环境安全和满足社会经济管理基本需求的范围之内,具体内容参考第四章第一节内容。

(二) 强制性国家标准的制定程序

强制性国家标准制定程序的阶段构成由《标准化法》确立,在《强制性国家标准管理办法》中予以细化,主要包括提出项目提案、立项、组织起草、征求意见和对外通报、技术审查、批准发布等。在制定程序的各个阶段,体现了公开、透明的制定原则。

1. 提出项目提案

提出项目提案为国务院有关行政主管部门依据职责向国务院标准化行政主管部门提出强制性国家标准制定项目提案的过程。在提出项目提案之前,国务院有关行政主管部门需考虑省、自治区、直辖市人民政府以及社会团体、企业事业组织以及公民提出的强制性国家标准立项建议,充分征求有关政府部门的意见,调研消费者代表、企业、社会团体等方面的实际需求,组织专家对项目的必要性和可行性进行论证评估,并在此基础上,向国务院标准化行政主管部门报送强制性国家标准制定项目提案。

2. 立项

立项为国务院标准化行政主管部门对国务院有关行政主管部门报送的制定强制性国家标准项目提案进行审批的过程。在立项阶段,国务院标准化行政主管部门将对强制性国家标准项目提案进行立项审查、公开征求意见,视情况下达计划,或终止项目提案并将理由告知国务院有关行政主管部门。

3. 组织起草

组织起草为国务院有关行政主管部门委托相关标准化技术委员会或专家组起草形成强制性国家标准征求意见稿的过程。标准化技术委员会或专家组在调查分析以及对相关机构开展的实验、论证、验证数据分析的基础上,完成强制性国家标准草案稿,向国务院有关行政主管部门报送。

4. 征求意见和对外通报

征求意见为国务院有关行政主管部门、国务院标准化行政主管部门将征求意见稿向社会公开进行征询意见的过程。在此过程中,若标准需要对外通报,还需按照世界贸易组织要求对外通报。征求意见途径包括通过国务院有关行政主管部门、国务院标准化行政主管部门官方网站,以及向涉及有关部门、行业协会、科研机构、高等院校、企业、检测认证机构、消费者组织等有关方的书面征求意见。公开征求意见期限不少于 60 日。国务院有关行政主管部门根据反馈意见修改完善强制性国家标准草案。

5. 技术审查

技术审查为国务院有关行政主管部门委托相关标准化技术委员会或组建审查专家组对强制性国家标准送审稿进行审查的过程。强制性国家标准的技术审查采取会议审查形式，重点审查技术内容的科学性、合理性、适用性，以及与相关政策要求的符合性。审查会需形成会议纪要，内容包括时间、地点、议程、审查意见、审查结论、专家名单等，并经与会全体专家签字。

6. 批准发布

批准发布为国务院标准化行政主管部门对强制性国家标准报批材料进行审查、编号，并由国务院批准发布或授权批准发布的过程。国务院标准化行政主管部门主要从合规性、与相关标准的协调性、是否正确处理了重大意见分歧、报批材料是否齐全等方面进行审查。

（三）强制性国家标准制定的例外规定

从长远看，我国的强制性国家标准应实行统一管理的模式，形成统一的市场技术规则体系。但考虑到各种因素以及标准化管理的历史沿革和特殊情况，过渡性地保留强制性标准例外管理。

目前部分法律、行政法规和国务院决定对强制性标准制定另有规定。例如，《环境保护法》、《中华人民共和国食品安全法》（以下简称《食品安全法》）等法律法规领域的强制性的国际标准、行业标准或地方标准，按现有模式管理。

普法课堂

如今的水果圈，越来越"卷"了，除了"卷"品种，"卷"品质，"卷"品牌，产品包装这个赛道上也是挤满了各类"选手"。

随着包装的升级迭代，华丽精美的包装不断涌现（见图2-1），消费市场上也出现了不同的声音。

有人说："这些产品包装精美，看起来'高大上'，在一定程度上体现了商品的价值和品牌形象，拿出去送礼也有面子。"精美的包装往往给人留下深刻的第一印象，对于提升产品的档次和增强消费者的购买欲望确实有着不可忽视的作用。在重要节日或特殊场合，华丽的礼盒装水果成为表达心意和祝福的佳选。

然而，也有人持不同意见："过度包装不仅增加了我们消费者的负担，而且对环境造成了不必要的压力。那些看似精美的包装，很多时候只用一次就丢弃了，这无疑是一种资源浪费。"当下，市场上过度包装的产品不在少数，不少城市的水果店给过去散装的水果层层"穿衣"：封上保鲜膜，装入塑料盒，套上塑料袋。对此，许多消费者表示："不光不能挑了，想多买点、少买点都不行，盒里装几个就只能买几个。"

可以说，这是一场华而不实的"消费陷阱"！而且，还有一些商家玩猫腻，利用盒装水果信息不对称的优势，在包装盒上做手脚，诸如灌水泥、塞厚纸板等，加重包装分量，达到多赚钱的目的，实则构成消费欺诈。

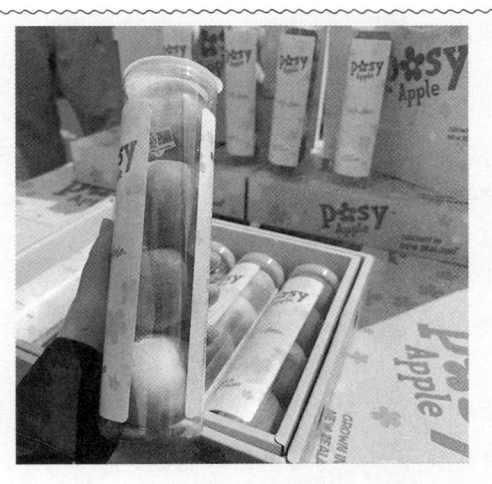

图 2-1　层层加码的水果包装引争议

4 月 1 日新规实施：限制过度包装！

　　国家市场监督管理总局（国家标准化管理委员会）发布 2023 年第 10 号国家标准公告，《限制商品过度包装要求 生鲜食用农产品》（GB 43284—2023）强制性国家标准发布。该标准由农业农村部组织起草，于 2024 年 4 月 1 日起实施。该标准的发布实施，为强化商品过度包装全链条治理、引导生鲜食用农产品生产经营企业适度合理包装、规范市场监管提供了执法依据和基础支撑。

　　该标准明确了蔬菜（含食用菌）、水果、畜禽肉、水产品和蛋等五大类生鲜食用农产品是否过度包装的技术指标和判定方法。主要技术指标包括三方面：一是针对不同类别和不同销售包装重量的生鲜食用农产品设置了 10%~25% 包装空隙率上限。二是规定蔬菜（包含食用菌）和蛋不超过三层包装，水果、畜禽肉、水产品不超过四层包装。三是明确生鲜食用农产品包装成本与销售价格的比率不超过 20%，对销售价格在 100 元以上的草莓、樱桃、杨梅、枇杷、畜禽肉、水产品和蛋加严至不超过 15%。为避免对农业生产经营活动造成不必要的影响或产生新的资源浪费，该标准设置了 6 个月的实施过渡期，并规定"实施之日前生产或进口的生鲜食用农产品可销售至保质期结束"。实施后，生产经营主体应按照该标准要求，对生鲜食用农产品销售包装进行合规性设计。

　　面对市场的两难声音和新规的要求，果品行业的从业者们需要寻求平衡点。一方面，可以通过设计简约而不失精致的包装来满足消费者对美观的需求，另一方面，也要积极采用可循环利用或可降解的材料，以减少对环境的负担。同时，也应当加强消费者教育，提高大众对于环保包装的认识和支持度，使"绿色消费"成为一种时尚，引导消费者自觉抵制"华丽"包装，践行科学健康消费观，进一步推动市场向绿色环保的方向发展。只有这样，才能在确保产品品质、满足消费需求的同时，实现可持续发展，让"绿色"成为果品行业新的竞争力。

三、推荐性国家标准制定

（一）推荐性国家标准的制定范围

推荐性国家标准作为政府主导制定的标准，应定位于政府职责范围内的公益类标准。推荐性国家标准重点制定基础通用、与强制性国家标准配套、对各有关行业起引领作用的标准。推荐性国家标准的主要作用在于：一方面，解决跨行业、跨专业的需要协调的问题而制定出基础通用的技术解决方案，主要指术语、图形符号、统计方法、分类编码等基础标准，通用的方法、技术和管理标准；另一方面，解决强制性标准执行所需要的配套标准。

（二）推荐性国家标准的制定主体

推荐性国家标准由国务院标准化行政主管部门制定，即由国务院标准化行政主管部门负责推荐性国家标准的立项、组织起草、审查、编号、批准发布等工作。

四、行业标准制定

（一）行业标准的制定范围

行业标准是推荐性国家标准的补充。行业标准的制定范围应当同时满足两个要求：一是没有推荐性国家标准，即已有推荐性国家标准的，不得制定行业标准；二是在本行业范围内需要统一的技术要求，即不能超越本行业范围、不能超越国务院有关行政主管部门的职责制定行业标准。作为政府主导制定的标准，行业标准也应定位于政府职责范围内的公益类标准。

（二）行业标准的制定主体

行业标准由国务院有关行政主管部门制定，即由国务院有关行政主管部门负责行业标准的立项、组织起草、审查、编号、批准发布等工作。行业标准的具体领域、行业标准的代号均需经过国务院标准化行政主管部门批准。

（三）行业标准的备案

行业标准，应当由制定标准的部门报国务院标准化行政主管部门备案。行业标准如违反国家有关法律、法规和强制性国家标准，国务院标准化行政主管部门不予备案，并责成行业标准制定部门限期改正或停止实施。

五、地方标准制定

（一）地方标准的制定范围

我国幅员辽阔、民族众多，自然条件和民族生活习惯差异较大，省级人民政府以及经省级人民政府批准的设区的市可以制定符合本行政区域自然条件、民族风俗习惯的特殊技术要求和地理标志产品标准。由于我国地域辽阔，各地经济社会发展水平差异较大，地方标准还可以涉及社会管理和公共服务领域，这也是地方政府规范管理和提高管理服务效率的需要。

（二）地方标准的制定主体

地方标准的制定主体包括省、自治区、直辖市人民政府标准化行政主管部门和设区的市级人民政府标准化行政主管部门。设区的市的标准制定权，由所在地省、自治区、直辖市人民政府标准化行政主管部门批准授予。

地方标准的制定包括地方标准的立项、组织起草、审查、编号、批准发布等工作。

（三）地方标准的备案

地方标准由省、自治区、直辖市人民政府标准化行政主管部门报国务院标准化行政主管部门备案。设区的市制定的地方标准，须经省、自治区、直辖市人民政府标准化行政主管部门报国务院标准化行政主管部门备案。

六、团体标准和企业标准制定

（一）团体标准制定

团体标准是市场自主制定的标准。设立团体标准的目的是激发社会团体制定标准、运用标准的活力，快速响应创新和市场对标准的需求，增加标准的有效供给。团体标准的制定主体是学会、协会、商会、联合会、产业技术联盟等社会团体。采用团体标准的方式包括由本团体成员约定采用，或者按照本团体的规定供社会自愿采用。

团体标准的制定应遵循开放、透明、公平的原则。要以科学技术和实践经验的综合成果为基础，组织对标准相关事项进行调查分析、实验、论证，以增强团体标准的科学性、有效性。国务院标准化行政主管部门会同国务院有关行政主管部门对团体标准的制定进行规范、引导和监督。

（二）企业标准制定

企业根据自己生产和经营的需要，可自行制定本企业所需要的标准。可单个企业制定，也可以由多个企业联合制定。

企业标准的制定程序和编号规则都应按照企业标准进行，企业标准的公开应按照《标准化法》第二十七条规定。

（三）团体标准和企业标准制定的政策

①国家支持在重要行业、战略性新兴产业、关键共性技术等领域利用自主创新技术制定团体标准和企业标准。

②推荐性国家标准、行业标准、地方标准、团体标准、企业标准的技术要求不得低于强制性国家标准的相关技术要求。

③国家鼓励社会团体、企业制定高于推荐性标准相关技术要求的团体标准和企业标准。

七、优先制定急需标准和支持创新标准

优先制定的标准包括强制性国家标准和经济社会发展急需的标准，这些也是国家规划的重点。比如，保障农产品安全、消费品安全、信息安全、生产安全、食品安全、生态环境安全的强制性国家标准，以及节能减排、基本公共服务、新一代信息技术、智能制造和

装备升级、新型城镇化、现代物流等领域急需的标准，制定标准的部门应当及时评估、优先立项、及时完成。

重要行业、战略性新兴产业、关键共性技术领域，对我国经济的发展、技术的创新进步，对增强我国的整体实力具有重要意义。企业和社会团体是技术创新和产业化的主体，他们能够快速制定标准，及时满足市场需求，国家在政策环境、制度环境等方面给予支持。

八、标准编号与标准文本公开

为了便于标准的识别和管理，应当对标准进行编号。为了统一协调标准编号，避免重复冲突，造成标准实施过程中的混乱，法律授权标准的编号规则由国务院标准化行政主管部门制定并公布。

国家标准、行业标准、地方标准和团体标准、企业标准的编号规则，均由国务院标准化行政主管部门制定。

标准是科学技术和实践经验的总结，是集体智慧的结晶，具有创造性智力成果属性，依法受《著作权法》保护。强制性标准必须强制执行，违反强制性标准的行为依法将追究法律责任。因此，社会公众必须知晓强制性标准内容，法律明确强制性标准文本应当免费公开。推荐性标准属于政府主导制定，具有公益性，免费公开有助于推进标准实施，提升政府公共服务水平。但采用国际标准制定的推荐性标准的免费公开，还应当遵循国际标准组织的版权政策。

第三节　标准实施

标准实施是指有组织、有计划、有措施地贯彻执行标准的活动。组织标准实施是实现标准化目的的重要环节，也是地方市场监督管理部门和企事业单位的一项重要工作。

标准实施的重要性主要表现在：

①只有通过标准实施，才能体现出标准的作用及效果。

②标准中规定的技术内容和指标水平是否先进、合理，只有将标准贯彻实施到生产、技术及贸易活动来检验，才能正确地衡量、评价标准的质量和水平。

③只有通过标准实施，才能使标准不断地由低级向高级发展。

一、强制性标准实施

（一）强制性标准的法律效力

从事生产、销售、进口、服务的单位和个人应当严格执行强制性标准的各项规定。不符合强制性标准的产品和服务禁止生产、销售、进口和提供。

（二）强制性标准实施报告制度

1. 强制性国家标准实施情况统计分析报告制度

建立强制性国家标准实施情况统计分析报告制度，主要内容包括：

①标准起草部门搜集标准实施中的问题。

②监督执法部门将标准的执法信息、标准认证信息以及其他有关实施信息反馈给标准起草部门。

③标准起草部门应根据掌握的情况，编制标准实施情况统计分析报告，并与国务院标准化行政主管部门进行信息共享。

2. 标准的实施信息反馈、评估和复审机制

一项标准的发布实施，并不意味着标准化工作的结束。标准的实施信息反馈是指标准实施后，标准制定部门应建立方便快捷的信息收集渠道，主动收集标准实施情况和实施过程中遇到的问题，并进行处理的过程。

标准评估是指标准实施后，对标准的实施应用情况、标准对经济社会活动所产生的影响进行测算、评价的过程。标准评估一般由标准制定部门组织开展，也可以由标准重大利益方组织。

标准复审是指对标准的技术内容是否适应经济社会发展需要所进行的重新审查。一般由标准制定的部门组织技术委员会开展。复审的结论分为继续有效、修订或废止。标准的复审周期一般不超过五年。

二、企业与团体标准的自我声明公开和监督制度

（一）企业标准自我声明公开和监督制度

按照《标准化法》有关规定，企业标准实施自我声明公开和监督制度。而《企业标准化促进办法》，对企业标准实施自我声明公开和监督制度提出了更为细致的要求。企业标准自我声明公开和监督制度调整的对象是企业生产的产品和提供的服务所执行的标准。这类标准是企业对其产品和服务质量的硬承诺，应当公开并接受市场监督。

1. 自我声明公开的目的

①有利于放开搞活企业，保障企业主体地位，落实企业主体责任。

②有利于消除消费者与企业之间对产品质量信息不对称的问题，维护消费者知情权。

③有利于政府更好地提供公共服务和事中事后监管。

④有利于社会监督，促进形成全社会质量共治机制，提高企业产品和服务标准水平。

2. 自我声明公开的内容

（1）企业应当公开其提供产品或者服务所执行的强制性标准、推荐性标准、团体标准或者企业标准的编号和名称。

（2）企业执行自行制定或者联合制定企业标准的，应当公开产品、服务的功能指标和产品的性能指标及对应的试验方法、检验方法或者评价方法。

（3）法律、法规、强制性国家标准对限制商品过度包装另有规定的，企业应当按照有关规定公开其采用的包装标准。

（4）企业公开的功能指标和性能指标项目少于或者低于推荐性标准的，应当在自我声明公开时进行明示。

需要说明的是：公开标准指标的类别和内容由企业根据自身特点自主确定，包括产品

主要技术指标和对应的检验试验方法。企业也可选择公开企业产品和服务标准文本，企业可以不公开生产工艺、配方、流程等可能含有企业技术秘密和商业秘密的内容。

3. 自我声明公开的方式

国家建立标准信息公共服务平台为企业开展标准自我声明公开提供服务，鼓励企业在国家统一的平台开展自我声明公开。通过其他渠道进行自我声明公开的，应当在国家统一的企业标准信息公共服务平台明示公开渠道，并确保自我声明公开的信息可获取、可追溯和防篡改。

4. 自我声明公开的效力

企业生产的产品和提供的服务应当符合企业自我声明公开的标准提出的技术要求，不符合企业自我声明公开标准提出的技术要求的，应依法承担相应的责任。企业执行标准发生变化时，应当及时对自我声明公开的内容进行更新。企业办理注销登记后，应当对有关企业标准予以废止。

动手探究

企业标准自我声明公开指南

一、如何在平台注册公开标准

在平台首页（https://www.qybz.org.cn/）上单击右上角的"企业登录入口"选项，选择所在区域，单击"新用户注册"选项，注册成功后，登录账号，选择要公示的标准页面填写相关信息，可参考帮助中心的操作手册（https://www.qybz.org.cn/user/userGuide），提交成功后网上操作完成。

二、操作步骤

（1）首先单击主页右上角"企业登录入口"选项（见图2-2）。

图2-2 企业标准信息公共服务平台首页

第二章 标准制定与实施的法律制度

(2) 输入注册好的用户名和密码,"点击按钮进行验证"后登录(见图2-3)。

图2-3 企业标准信息公共服务平台登录页面

(3) 单击"新增标准"按钮(见图2-4)。

图2-4 企业标准信息公共服务平台"新增标准"页面

(4) 根据所执行标准的类型,选择方框中相应的类别,此处以企业自己制定的企业标准为例(见图2-5)。

图 2-5　企业标准信息公共服务平台新增"企业标准"页面

（5）输入标准名称和标准标号（见图 2-6）。

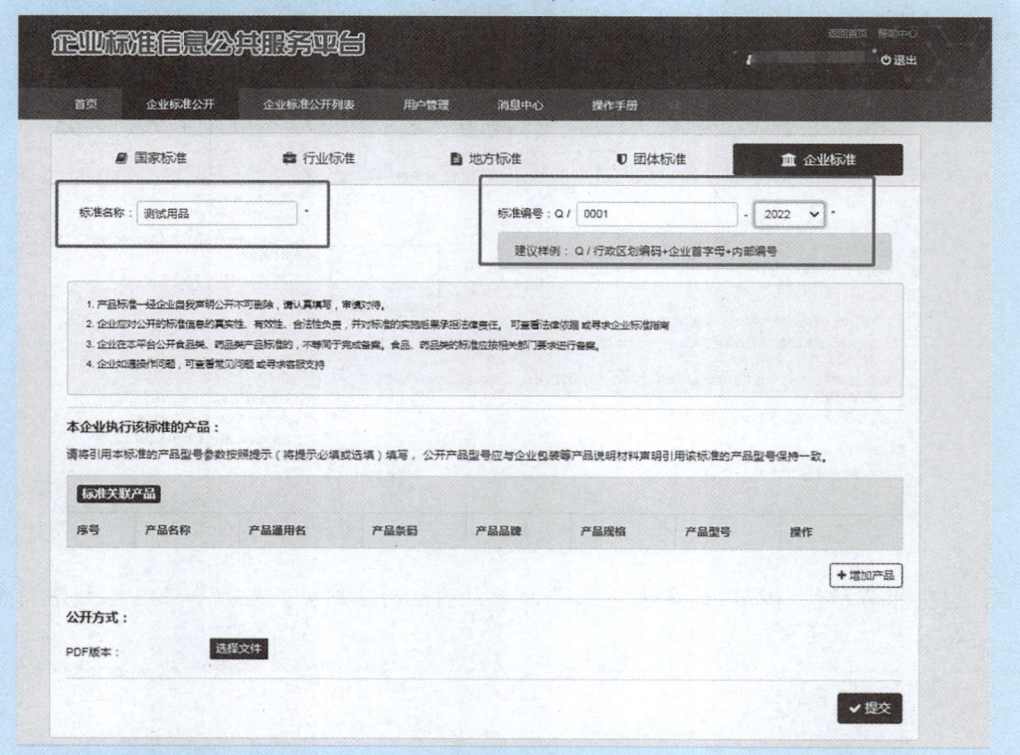

图 2-6　"企业标准"信息录入

第二章 标准制定与实施的法律制度

（6）单击"增加产品"按钮，根据企业自身产品的属性填写"产品名称""产品型号"（可以是所有型号或者具体特定型号）和"产品分类"（见图2-7）。

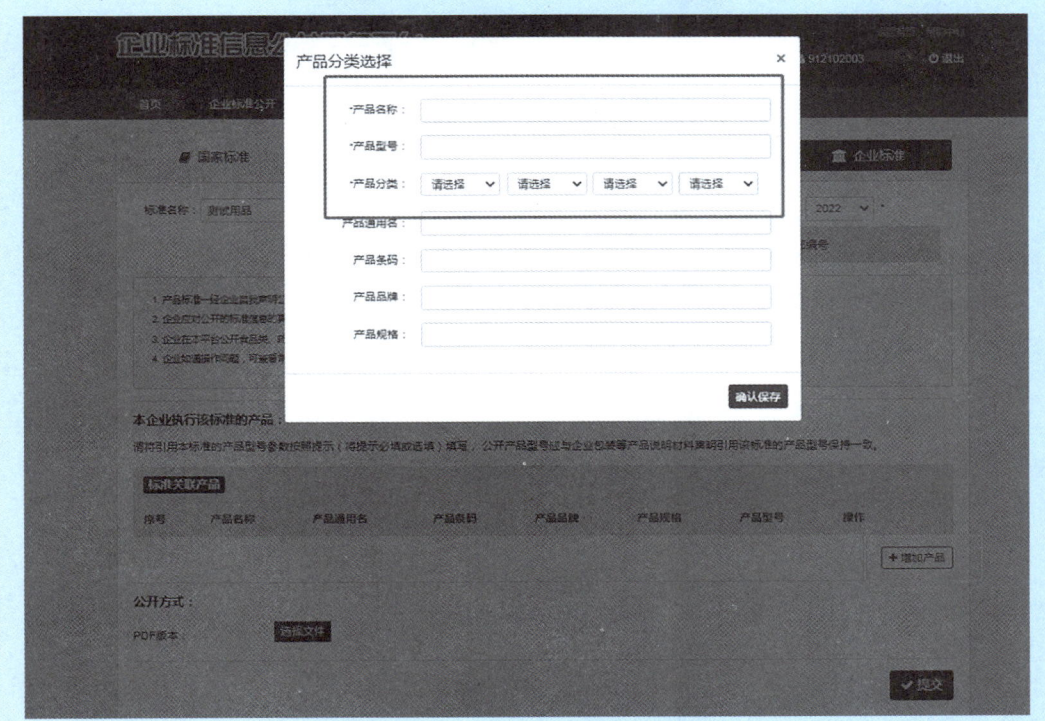

图2-7 "产品分类选择"信息录入

（7）单击"选择文件"按钮，上传PDF格式的标准文本（见图2-8）。

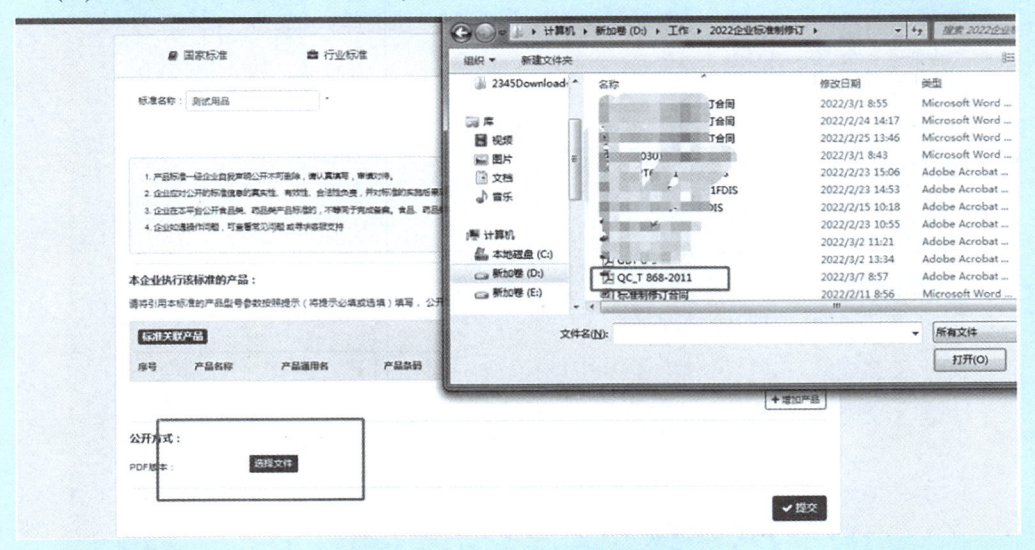

图2-8 选择文件上传

(8) 以上信息填写完成，经检查确认无误后单击"提交"按钮（见图2-9）。

图 2-9　确认无误提交

(9) 勾选方框中的内容，再次检查无误后单击"提交"按钮，即可完成企业标准自我声明公开（见图2-10）。

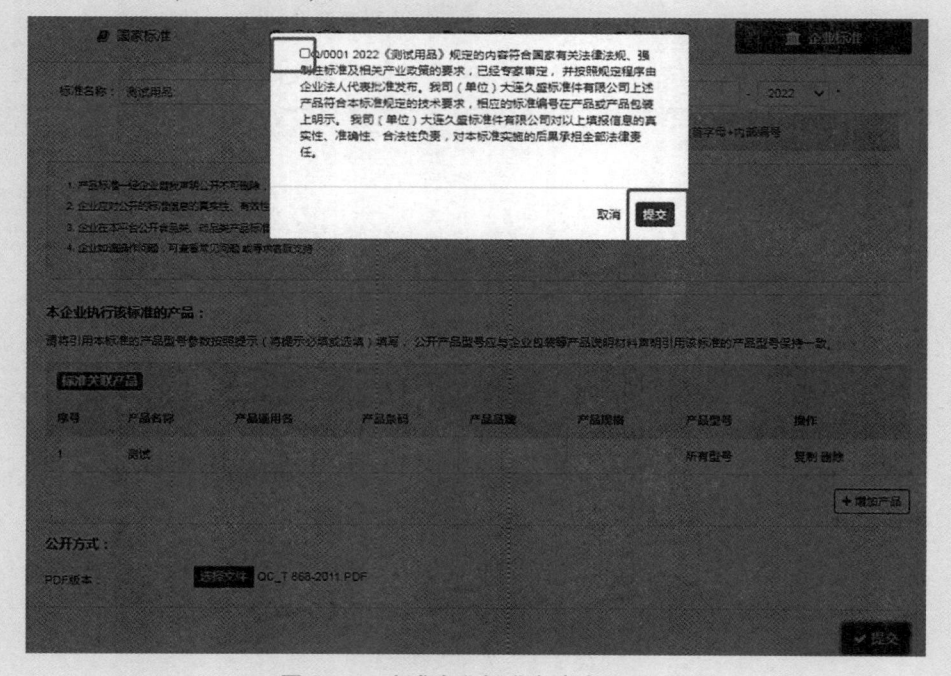

图 2-10　完成企业标准自我声明公开

(二) 团体标准自我声明公开和监督制度

国家实行团体标准自我声明公开和监督制度。社会团体应当公开其团体标准的名称、编号等信息。团体标准涉及专利的，还应当公开涉及专利的信息。鼓励公开团体标准全文或主要技术内容，在标准信息公共服务平台自我声明公开。团体标准自我声明和公开监督，可从以下四个方面来理解：

1. 团体标准制定主体的信息公开

行业协会或商会作为团体标准制定的主体，法律要求行业协会或商会公开其制定的团体标准名称、编号等信息，团体标准涉及专利的，还应当公开标准涉及专利的信息，便于监管部门和公众对其团体标准的科学性、安全性、通用性、合法性等进行监督。

【标准案例】制定主体公开了标准名称、编号、执行日期，从封面水印可以看出这是从全国团体标准信息平台下载的标准文档（见图2-11）。

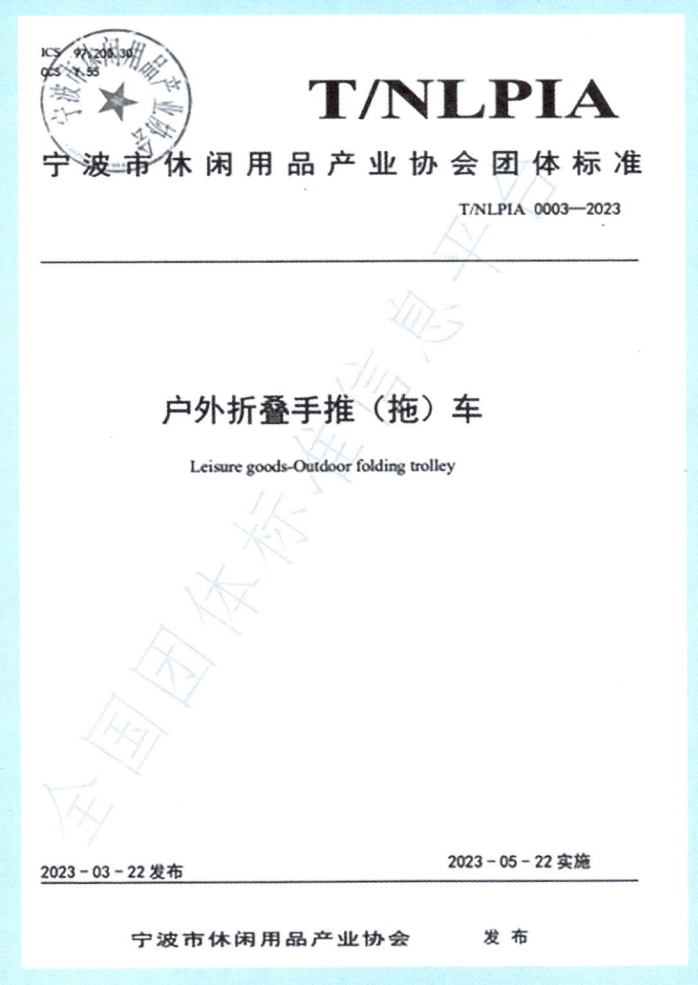

图 2-11 制定主体公开标准信息

2. 公开团体标准的方式

法律对行业协会或商会公开团体标准的方式未做强制性要求，国家鼓励行业协会或商会通过全国团体标准信息平台向社会公开其制定的团体标准（见图 2-12）。

图 2-12　发布于全国团体标准信息平台的公告

3. 自我声明的具体形式

团体标准的自我声明主要通过自我承诺的方式实现，其核心是通过社会团体主动作出合规性承诺并公开标准信息，接受社会监督。社会团体需在全国团体标准信息平台（https://www.ttbz.org.cn）或自身官网发布自我承诺（见图 2-13）。

4. 自我声明的法律效力

团体标准自我声明的法律效力主要体现在三个方面：首先，从民事法律角度看，自我声明构成标准制定组织对社会公众的要约承诺，具有契约约束力。根据《民法典》相关规定，当相关方采用该标准并产生依赖时，团体组织需对其声明内容的真实性负责。其次，在行政监管层面，依据《标准化法》要求，自我声明是团体标准获得合法效力的必经程序，未按规定声明的团体标准不得作为生产、检验、贸易的依据。最后，在司法实践中，

▶ 第二章　标准制定与实施的法律制度

自我声明文件可作为证据材料，若标准内容与声明不符导致损失，受害方可依法追究民事责任。

图 2-13　发布于全国团体标准信息平台的承诺

三、技术创新的标准化要求

在现代市场经济条件下，企业是从事生产经营和参与市场竞争的主体，也是标准化活动的主要参与者——它们既是标准的主要需求者，也是国家标准、行业标准和地方标准的主要适用对象，同时还是源源不断的企业标准、团体标准的制定者。因此企业研制新产品、改进产品、进行技术改造要符合如下标准化要求：

①执行国家标准、行业标准、地方标准的要求，尤其是执行强制性国家标准。

②要在产品研发和技术改造过程中，按照《标准化法》的要求制修订企业标准，并在

企业生产经营活动中贯彻实施。

四、标准重复交叉等问题的处理

对于标准实施的信息反馈、评估、复审情况中反映出的标准之间重复交叉或者不衔接配套的问题，国务院标准化行政主管部门会同国务院有关行政主管部门作出处理，包括对相关标准作出整合、修订、废止的决定，并由责任部门落实。如需进一步协调的，提交国务院标准化协调机制解决。

五、出口产品和服务技术要求

出口产品或服务需要符合进口国市场当地的法律法规和相应的技术要求，双方在签订合同时可以约定对于产品或服务的技术要求，可以约定采用国际标准、进口国标准、出口国标准、第三国标准等。

视频：标准化试点介绍——以社会管理和公共服务为例

六、标准化的示范推动

（一）标准化试点示范

标准化试点示范是标准实施推广的重要手段。试点示范通过典型经验促进相关标准在各领域的普及与推广，在促进生产方式转变和产业结构调整方面发挥积极的引导、辐射和带动作用。

（二）标准化宣传

标准化宣传工作是标准化工作的重要组成部分。一是要加强标准化理念宣传，提高社会的关注度和认知度。二是加强标准化方式方法的宣传，提高社会对标准化作用的认识。三是加强标准文本的宣传和解读，推动标准有效实施。

（三）推动标准作用的发挥

标准化是一种工具和手段，要把标准化融合运用到社会经济发展的方方面面，鼓励各行各业利用标准化的方式组织生产、经营、管理和服务，发挥标准化在经济社会发展中的支撑和引领作用。

动手探究

农业标准化示范区

农业标准化试点示范是标准实施推广的重要手段，目前，全国各地已经开展十余类、七千余项国家级标准化试点示范建设，有效提高经济效益、社会效益和生态效益。

一、意义

农业标准化是促进农业结构调整和产业化发展的重要技术基础，是规范农业生产、保障消费安全、促进农业经济发展的有效措施，是现代化农业的重要标志。

做好农业标准化工作，坚持以市场为导向，围绕农业结构战略性调整和产业化发展，以提高我国农产品质量和市场竞争力为重点，建立健全统一权威的农业标准体系，加强农业标准化工作，促进农业增效、农民增收和农村经济全面发展。

二、概念

农业标准化示范区是指以实施农业标准为主，具有一定规模、管理规范、标准化水平较高，对周边和其他相关产业起示范作用的标准化生产区域，包括农业、林业、畜牧业、渔业、烟草、水利，以及农业生态保护、小流域综合治理等与农业可持续发展密切相关的特定项目。

三、找一找

广东人的一日三餐如果没有一碟蔬菜收尾，那便是不完整的。爱养生的广东人对蔬菜可谓是情有独钟。广东独特的气候和环境培育了一批风味绝佳、享誉八方的特色蔬菜，为保障农产品质量安全，促进农业高质量发展，广东省农业农村厅、市场监督管理局联合开展了多类农业标准化示范基地创建工作，请你找一找围绕具有广东特色的蔬菜都创建了哪些示范吧！

第四节 监督管理

我国实行国家标准、行业标准、地方标准、团体标准和企业标准的五级标准管理体制。与此相适应，标准实施的监督管理，也在中央与地方、标准化行政主管部门与有关行政主管部门之间进行分工。

视频：标准的监督管理体制

一、标准监督管理体制

（一）监督管理的主体

监督管理的主体包括两类：
①县级以上人民政府标准化行政主管部门（包括国务院标准化行政主管部门）；
②县级以上人民政府行政主管部门（包括国务院行政主管部门）。

（二）监督管理的内容

监督管理的对象包括两类：

①对标准的制定进行指导和监督。其一，国务院标准化行政主管部门对国务院有关行政主管部门的标准制定活动进行指导和监督。其二，上级标准化行政主管部门对下级标准化行政主管部门进行指导和监督。其三，县级以上人民政府标准化行政主管部门和有关行政主管部门对社会团体、企业的标准制定进行指导和监督。其四，国务院标准化行政主管部门对国家标准的制定履行监督管理职责。

②对标准的实施进行监督检查。这是指对标准贯彻执行情况进行督促、检查和处理的活动。

（三）监督检查的方式

对标准实施进行监督检查，就是依据标准化法律、法规和规章，对部门、企事业单位或个人实施标准情况进行监督检查与处理，它是保证标准贯彻执行的一个重要环节。监督检查的方式包括主动监督、接受并处理投诉举报等，随机抽查是主动监督的重要方式。具体来说，标准实施的监督检查，主要有以下五种方式：

①标准化审查。例如在研制新产品或改进老产品、进行技术改造和技术引进（包括设备引进）时，对产品图样和技术文件等进行标准化审查。又如，在贯彻 ISO 9000、ISO 14000 和 GB/T 28001 等标准建立质量、环境、职业安全管理体系时，对体系文件进行标准化审查。

②定期或不定期地对产品、服务或工程质量进行监督检验。

③采用国际标准和国外先进标准的验收或使用采标标志的产品备案审查。

④企业标准化水平的确认或标准化先进企业评审。

⑤质量认证审核等。

总而言之，标准实施的监督检查，可以是对一个单位或个人（如个体工商户）实施标准情况进行全面的检查与处理，可以是对某类或某项标准（如某项产品标准）实施情况进行专项检查与处理，可以是有计划、定期的检查（如国家产品质量监督抽查、采标验收等），也可以是依据检举、揭发或企业自愿申请而进行的不定期检查。

二、标准争议协调解决机制

由于国家标准、行业标准分别是由不同的行政主管部门制定并组织实施，在标准制定、组织实施和监督管理过程中可能出现重叠、冲突等争议问题。标准争议协调解决机制是定分止争的有效手段。对争议的协调，首先由国务院标准化行政主管部门组织协商解决，协商不成的，交由国务院标准化协调机制作出决定。

三、标准未依法编号、复审或备案的处理

（一）监督对象

监督对象是国务院有关行政主管部门、省级标准化行政主管部门和依法具有标准制定

权的设区的市标准化行政主管部门。

视频：标准实施分析及协调机制

（二）监督内容

监督的主要内容是标准制定部门在标准制定过程中出现的下列行为：

①未依法编号：未对标准进行编号，或未按国务院标准化行政主管部门制定的编号规则对标准进行编号。

②未依法复审：主要是指未在规定期限内对标准进行复审的。

③未依法备案：主要是指未在规定期限内提交符合要求的备案材料。行业标准、地方标准应当在标准发布后三十日内报送国务院标准化行政主管部门备案。

（三）监督的主体及方式

标准制定部门未依法对其制定的标准编号、复审或者备案的，国务院标准化行政主管部门可以要求其说明情况，并限期改正。

四、举报和投诉

（一）举报和投诉是所有单位和个人的法定权利

对于标准化工作中的违法行为，任何单位和个人均有举报权和投诉权，可以向标准化行政主管部门举报、投诉，也可以向有关行政主管部门举报、投诉。

（二）举报、投诉通道应当公开

标准化行政主管部门、有关行政主管部门需要建立畅通的标准化工作社会监督机制，向社会公开受理举报、投诉的电话、信箱或者电子邮件地址，并安排人员受理举报、投诉。

（三）举报人、投诉人合法权益受法律保护

受理举报、投诉的行政主管部门应当及时以口头或者书面的形式向举报人或者投诉人告知处理结果，为举报人保密，并按照国家有关规定对举报人给予奖励。

第五节　法律责任

一、民事责任

（一）产品和服务不符合强制性标准的应当依法承担民事责任

1. 不符合强制性标准产品的法律责任

不符合强制性标准的产品应当认定为缺陷产品。一方面，缺陷产品造成他人损害的法

律责任，《民法典》第七编第四章"产品责任"作了专门规定，原则上由生产者或销售者赔偿。另一方面，缺陷产品未造成他人损害的法律责任，依据《产品质量法》规定，销售者应当负责修理、更换、退货；给购买产品的消费者造成损失的，销售者应当赔偿损失。对于一些特殊产品，我国建立了缺陷产品召回制度，如食品、汽车的召回制度。

视频：标准违法案例解读

2. 不符合强制性标准服务的法律责任

对于缺陷服务的认定，相关法律未作出明确定义，可以参照缺陷产品的规则予以适用，将不符合强制性标准服务认定为缺陷服务。对于缺陷服务的法律责任，根据《中华人民共和国消费者权益保护法》（以下简称《消费者权益保护法》）相关规定承担民事责任，如医疗服务的责任等。

3. 惩罚性赔偿制度

不符合强制性标准的产品、服务所承担的民事责任，一般以补偿性责任为原则，即让相关人的损失恢复到被侵害之前。但是，在某些特殊情况下，产品或服务违反强制性标准的，还需要根据法律的特别规定承担惩罚性赔偿责任。

（二）产品和服务不符合其公开标准技术要求的应当依法承担民事责任

购买者购买企业产品和服务的行为，属于双方订立合同的行为。企业公开承诺的产品和服务的标准技术要求，属于双方约定的重要内容。企业提供的产品和服务如果违反其所公开标准的技术要求，属于违约行为，应当承担违约责任。

（三）民事责任承担方式

根据《民法典》第一百七十九条"承担民事责任的方式主要有：（一）停止侵害；（二）排除妨碍；（三）消除危险；（四）返还财产；（五）恢复原状；（六）修理、重作、更换；（七）继续履行；（八）赔偿损失；（九）支付违约金；（十）消除影响、恢复名誉；（十一）赔礼道歉。法律规定惩罚性赔偿的，依照其规定。本条规定的承担民事责任的方式，可以单独适用，也可以合并适用"，单位、个人主张企业承担民事责任可以通过协商的形式处理，也可以向消费者协会等部门寻求调解，还可以向人民法院提起民事诉讼。

二、行政责任和刑事责任

强制性标准是保底线的标准，《标准化法》第二十五条规定："不符合强制性标准的产品、服务，不得生产、销售、进口或者提供。"《产品质量法》、《中华人民共和国进出口商品检验法》（以下简称《进出口商品检验法》）、《消费者权益保护法》等法律、行政法规对于违反强制性标准的行政责任已经作了规定，因此《标准化法》第三十七条只作了衔接性的规定，同时引入信用惩戒机制，新增了"记入信用记录""予以公示"两项行政处理措施。

（一）违反强制性标准的行为依据相关法律法规查处

《产品质量法》《进出口商品检验法》《消费者权益保护法》等法律法规对于违反强制性标准均作了行政处罚的规定。除了上述的法律法规，《环境保护法》《食品安全法》等有关法律行政法规中也有关于违反强制性标准予以行政处罚的规定。具体可参看有关条文。

（二）违反强制性标准的行为记入信用记录并予以公示

对于违反强制性标准的行为，将依法记入信用记录，并按照有关规定予以公示。由负责查处的部门记入信用记录并在企业信用信息公示系统或其他系统公示。

（三）违反强制性标准并构成犯罪的依法追究刑事责任

违反强制性标准的行为，如果危害较大，应当依据《刑法》相关规定追究刑事责任。在《刑法》中，有多个直接涉及违反强制性标准的处罚规定，如不符合安全标准的产品罪、不符合卫生标准的化妆品罪、不符合安全标准的食品罪等。

三、企业未公开标准的法律责任

企业公开其执行的产品和服务标准是法定义务。

（一）企业未依照《标准化法》的规范公开其执行的标准

这主要包括两种情况：其一，企业执行强制性标准、推荐性标准、团体标准的，未公开标准编号和名称；企业执行自行制定的企业标准的，未公开标准编号和名称以及产品、服务的功能指标和产品的性能指标。其二，企业未在公开渠道公开其执行标准。企业未在标准信息公共服务平台公开其执行标准，也未选择在其他对外渠道公开其执行标准。

（二）企业未依法履行标准公开义务的法律责任

企业未依照《标准化法》的规定公开其执行标准的，县级以上人民政府标准化行政主管部门按照属地管辖原则责令其改正，逾期不改的，由负责查处的部门将违法情况在标准信息公共服务平台向社会公示。

四、违反标准制定基本原则的处理

（一）政府主导制定标准不符合制定基本原则的法律责任

政府主导制定的标准，主要是推荐性国家标准、行业标准、地方标准。针对承担标准制定工作的国务院有关行政主管部门、设区的市级以上人民政府标准化行政主管部门，如果有不符合标准制定基本原则的，首先，由标准制定部门自行及时改正或者由国务院标准化行政主管部门责令改正；其次，标准制定部门在限期内仍不改正的，由国务院标准化行政主管部门公告废止相关标准。

（二）市场自主制定标准不符合制定基本原则的法律责任

针对从事团体标准和企业标准制定的社会团体、企业不符合标准制定基本原则的，由县级以上人民政府标准化行政主管部门按照属地管辖原则，责令社会团体和企业限期改正违法行为；对于拒不改正的，由县级以上人民政府标准化行政主管部门废止相关标准，并在标准信息服务平台上予以公示。

（三）利用各类标准排除、限制市场竞争的法律责任

禁止利用标准实施妨碍商品、服务自由流通等排除限制市场竞争的行为。违反规定的需要按照《中华人民共和国反垄断法》等法律、行政法规的规定处理。

五、拒不执行责令改正决定的法律责任

（一）标准制定部门未依法对标准编号、备案并拒绝改正的法律责任

对于未依法对标准编号、备案的违法行为拒不改正的，不仅要对违法的标准及时作出处理，撤销相关标准编号，废止未备案标准；同时要对负有责任的领导人员和直接责任人员进行处分。

（二）标准制定部门未依法对标准复审并拒绝改正的法律责任

标准制定部门未依法对其制定的标准进行复审的，国务院标准化行政主管部门也可以责令其在限期改正。如果有关标准制定部门拒不改正的，则可以依据规定进行处罚，对负有责任的领导人员和直接责任人员进行处分。在处分的同时，有关部门还需要及时对未复审的标准进行复审。

六、国务院标准化行政主管部门违法的法律责任

国务院标准化行政主管部门既对各级政府部门的标准制定活动进行监督，同时也直接从事标准制定活动，对其自身的标准制定违反《标准化法》相关要求也需要承担法律责任。

国务院标准化行政主管部门在标准制定活动中可能存在问题主要包括三个方面：一是未依法对强制性国家标准的项目予以立项；二是制定标准不符合《标准化法》有关标准制定的基本原则；三是未依法对标准进行编号、复审或者备案。在其标准制定活动中出现的问题，需要主动、及时改正。对于负有责任的领导人员和直接责任人员可以依法给予处分。

七、社会团体和企业未依法编号的法律责任

团体标准和企业标准依法编号是制定标准的社会团体和企业需要遵循的法定义务。社会团体、企业在标准制定活动中，未依照规定对其进行编号主要是指两种情况：一是不进行编号；二是编号不符合团体标准、企业标准的编号规则。对于这种行为，县级以上人民政府标准化行政主管部门可以责令其限期改正。对于拒不改正的，可以由省级标

准化行政主管部门撤销相关标准编号。对于被撤销编号的团体标准、企业标准，相关社会团体和企业不能继续在各项活动中使用，同时违法信息通过标准信息公共服务平台公示。

八、渎职行为处理

标准化工作的监督、管理人员是指履行监督管理职权部门工作的人员，包括国务院标准化行政主管部门和国务院有关行政主管部门对标准化履行监督、管理职责的工作人员，也包括县级以上人民政府标准化行政主管部门和有关行政主管部门对标准化履行监督、管理职责的工作人员。

如有"滥用职权、玩忽职守、徇私舞弊"的行为，依法给予处分。依照《中华人民共和国公务员法》第五十六条规定："处分分为：警告、记过、记大过、降级、撤职、开除。"构成犯罪的，对于刑事责任，根据罪刑法定原则，追责依据是《刑法》的规定。

以案说法

基本案情：80多岁的王女士在公园晨练时，下廊亭台阶时摔倒导致骨折，公园认为是老人年纪大又不小心摔倒，公园不应该担责。9月23日，北京海淀法院判决认为，廊亭少修了1级台阶，因此公园要承担60%的责任，赔偿王女士医疗费、精神抚慰金等共计4.6万余元。

案例评析：这一案件主要争议点是，公园方面是否尽到了安全保障义务？如果公园尽到了这种义务，就不用赔偿王女士骨折的医疗费；如果没有尽到应有的义务，公园就要承担赔偿责任。公园代理人认为，公园没有违反安全保障义务，理由是涉及公园台阶设计的相关标准属于国家推荐性标准。

《标准化法》将国家标准分为强制性标准、推荐性标准。顾名思义，强制性标准是必须执行的国家标准。而国家推荐性标准是国家推荐、企事业单位自愿采用的标准。虽然国家推荐性标准不具有强制性，但此案的法院判决对企事业单位是一种警示：国家推荐性标准并不是摆设。

这是因为，企事业单位该不该采用国家推荐性标准，还要视具体情况而定。一方面要看推荐性标准的表述。公园设计规范对室外台阶踏步数的表述是不应少于2级，"不应"二字表明，在正常情况下均应这样做。既然公园少修了1级台阶，就不符合正常情况，即未尽到安全保障义务。

另一方面，要看具体场所。由于公园是客流量较大的公共场所，任何存在安全隐患的细节性问题，都有可能影响到游客安全，即公共场所事关公众安全，不应该少1级台阶。而且，除了少了1级台阶，法院还指出此处无相关警示标志，再次证明公园方面没有尽到自己安全保障义务。

可以说，法院的认定和判决非常公平合理。这一判决不仅维护了受害者的利益，对公园方面也是一种警示，即公共场所在安全保障方面不能有丝毫侥幸，不能为了省钱而少修

1级台阶，更不能视国家推荐性标准为废纸，因为推荐性标准也是一种标准，有其科学性，有现实指导意义。

（案例来自《北京晚报》新闻，经编者整理）

本章小结

标准助推创新发展，标准引领时代进步。标准是经济社会生活中的一个重要的技术依据，对国计民生发挥着非常重要的基础性作用。特别是当前标准化在国家治理体系、治理能力现代化的建设中，基础性作用、引领性作用和战略性作用方面表现突出。《标准化法》是我国标准化工作的一部基本法律，旧法颁布于1988年，新修订的《标准化法》共六章四十五条，比旧法多十九条。新法的施行，对于提升产品和服务质量，促进科学技术进步，提高经济社会发展水平意义重大。

小 测

一、单选题

1. 标准化工作的任务是（　　）标准、组织（　　）标准和对标准的实施进行监督。

A. 起草 审查　　　　　　　　　　B. 编制 执行

C. 制定 实施　　　　　　　　　　D. 规划 制定

2. 根据《中华人民共和国标准化法》，国家对于采用国际标准的态度是（　　）。

A. 鼓励　　　　　　　　　　　　B. 禁止

C. 允许　　　　　　　　　　　　D. 同意

3. 根据《中华人民共和国标准化法》，对（　　）需要统一的技术要求，应当制定标准。

A. 工业产品的品种、规格、质量、等级或者安全、卫生要求

B. 工业产品的设计、生产、检验、包装、储存、运输、使用的方法或者生产、储存、运输过程中的安全、卫生要求

C. 建设工程的设计、施工方法和安全要求

D. 全是

4. 保障人体健康，人身、财产安全的标准应为（　　）标准。

A. 国家　　　　　　　　　　　　B. 行业

C. 推荐性　　　　　　　　　　　D. 团体

5. 对需要统一的工业产品的设计、生产、检验、包装、储存、运输、使用的（　　）或者生产、储存、运输过程中的（　　）、卫生要求，应当制定标准。

A. 技术 条件　　　　　　　　　　B. 方法 安全

C. 要求 条件　　　　　　　　　　D. 要求 技术

6. 制定标准的部门应当组织由（　　）组成的标准化技术委员会，负责标准的草拟，参加标准草案的审查工作。

A. 专家　　　　　　　　　　　　B. 委员

C. 各种人员　　　　　　　　　　D. 协会

7. 对没有推荐性国家标准而又需要在全国某个（　　）范围内统一的技术要求，可以制定行业标准。

A. 部门　　　　　　　　　　　　B. 行业

C. 专业　　　　　　　　　　　　D. 业务

8. 生产、销售、进口不符合（　　）标准的产品，造成严重后果，构成犯罪的，由司法机关依法追究直接责任人员的刑事责任。

A. 国家　　　　　　　　　　　　B. 行业

C. 强制性　　　　　　　　　　　D. 推荐性

9. 国家标准由（　　）部门制定。

A. 国务院标准化行政主管　　　　B. 行业

C. 省、自治区、直辖市标准化行政主管　　D. 国务院

10. 保障人体健康，人身、财产安全的标准和法律、行政法规规定强制执行的标准是（　　）。

A. 推荐性标准　　　　　　　　　B. 行业标准

C. 强制性标准　　　　　　　　　D. 一般标准

11. 《标准化法》由（　　）制定。

A. 标准化行政部门　　　　　　　B. 国务院

C. 全国人民代表大会　　　　　　D. 全国人民代表大会常委会

12. 重要农产品需要制定的行业标准，由（　　）规定。

A. 标准化委员会　　　　　　　　B. 国务院主管农业的行政部门

C. 质监部门　　　　　　　　　　D. 认证机构

13. 我国标准化管理体制采用（　　）和分工管理相结合的管理体制。

A. 统一管理　　　　　　　　　　B. 集中管理

C. 分散管理　　　　　　　　　　D. 以上三项都不是

14. 标准复审的结果是对标准予以（　　）。

A. 确认、修订或废止　　　　　　B. 补充、修订或废止

C. 修订或废止　　　　　　　　　D. 确认或补充

15. 强制性国家标准的立项、编号、对外通报和批准发布由（　　）统一管理。

A. 国务院标准化行政主管部门

B. 地方政府标准化行政主管部门

C. 国务院有关行政主管部门

D. 地方有关行政主管部门

二、简答题

1. 制定标准的范围有哪些?
2. 我国标准按制定主体分几级?哪几级是政府主导制定,哪几级是市场主体自主制定?
3. 国家强制性标准范围是哪些?列举一个你所观察到的实例,说明为什么属于国家强制性标准范围。
4. 《标准化法》对强制性标准实施的要求是什么?不符合强制性标准主要有什么法律责任?

参考答案

第三章 标准化与质量管理

学习目标

1. 了解产品、产品质量和产品质量法的概念。
2. 掌握生产者和销售者在产品质量方面的责任和义务。
3. 熟悉产品质量监督管理体制、产品质量监督内容的相关规定。
4. 明晰违反《产品质量法》的情形与法律责任的承担。
5. 掌握认证的概念、认证机构的设立条件、认证机构的活动准则和法律责任。
6. 掌握认可的概念、认可机构的活动准则和法律责任。
7. 掌握设立认证机构的条件和程序。

本章导读

标准化工作的目的之一是"提高质量",《产品质量法》和《认证认可条例》从法律和法规的层面保证产品的质量,也属于标准化法律法规体系的重要组成部分。

本章简要介绍我国《产品质量法》《认证认可条例》等法律法规的主要内容,包括产品质量监督部门的职责、权利、产品质量检查制度、消费者权利,以及认证认可概念、认证认可机构的设立条件和活动准则等,部分内容结合案例,有利于进一步运用所学的法律知识分析和解决实际问题。

> **学习主题**

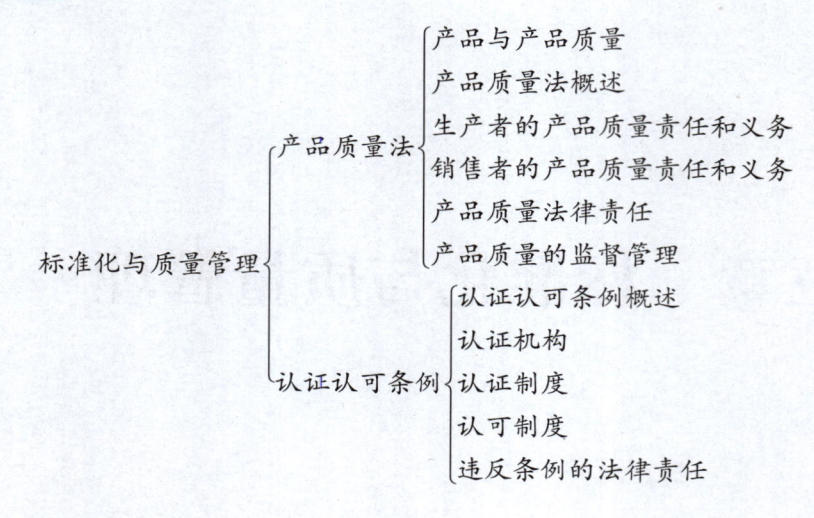

```
                          ┌ 产品与产品质量
                          │ 产品质量法概述
                ┌ 产品质量法 ┤ 生产者的产品质量责任和义务
                │          │ 销售者的产品质量责任和义务
                │          │ 产品质量法律责任
标准化与质量管理 ┤          └ 产品质量的监督管理
                │          ┌ 认证认可条例概述
                │          │ 认证机构
                └ 认证认可条例┤ 认证制度
                           │ 认可制度
                           └ 违反条例的法律责任
```

第一节　产品质量法

一、产品与产品质量

（一）产品

《产品质量法》规定，产品是经过加工、制作，用于销售的物品。由此可见，《产品质量法》中所指的产品，是以销售为目的，通过工业加工、手工制作等生产方式获得的具有特定使用性能的物品，必须符合以下条件：

1. 是经过人类加工或制作的物品

所谓加工，是指通过特殊处理使原材料、半成品变得达到某种要求或产生一定的功用。而制作，是将材料改变成各种不同的作品。可见，加工和制作都蕴含着人类创造性的劳动，都是通过一定的作用力使得一种自然物的属性发生改变，更多地渲染上人类意识修整过的痕迹。例如，农地里直接收获的水稻、小麦、蔬菜，池塘里打捞的鱼虾，矿场里挖出的矿石、原煤等属于初级产品，不属于经过人类加工或制作的物品，也就不属于《产品质量法》中规定的产品。

2. 是用于销售的物品

这里说的销售，是一种用自己所拥有的物品与他人所拥有的货币进行交换，只要具备这种从"物"到"钱"的变化，具备"营利性"，不管具体的交换形式如何，都符合销售的实质。军工产品一般不进入流通领域，所以《产品质量法》中规定的产品不包括军工产品。

3. 是没有被法律排除在"产品"范围以外的物品

建设工程不适用《产品质量法》相关规定。所谓建设工程，是指为人类生活、生产提供物质技术基础的各类建筑物和工程设施的统称，包括房屋、公路、桥梁、隧道等。这种建设工程往往是人类有组织、有目的、大规模的复杂经济活动，与一般加工、制作的产品有较大的不同，因此对建设的质量问题，国家专门出台了《中华人民共和国建筑法》等法律来加以规定。但是，用于建设工程的各种建筑材料和建筑构配件、设备，如袋装标号水泥、光面钢筋，都属于《产品质量法》中的产品。

(二) 产品质量

产品质量为反映实体满足明确和隐含需要能力的特性总和。这里的特性包括性能、安全性、可靠性、耐用性、可维修性、经济性等。

1. 产品的性能

产品的性能是指产品在一定条件下，实现预定目的或规定用途的能力。任何产品均有其特定的使用目的。

2. 产品的安全性

产品的安全性是指产品在使用、储运、销售等过程中，保障人体健康、人身和财产安全免遭侵害的能力。保证产品的安全性能，涉及产品的设计、制造、安装、指示、维修等各个方面。

3. 产品的可靠性

产品的可靠性是指产品在规定条件下，完成规定功能的程序和能力。其特征一般通过功能效率、平均寿命、平均故障时间、平均无故障工作时间等参数进行评定。

4. 产品的耐用性

产品的耐用性是指产品发挥其适用性和安全性的时限。

5. 产品的可维修性

产品的可维修性是指产品在发生故障之后，能够迅速维修、恢复功能的能力。其特征通常采用平均修复时间等参数来表示。

6. 产品的经济性

产品的经济性是指产品的设计、制造、使用等各方面所付出或者所消耗成本的程度；同时，也包含其可获得经济利益的程度，即投入与产出效益能力。

综上所述，可以看出"产品质量"内涵丰富。我们通常所说的产品质量合格与不合格，就是指产品所具有的实际性能是否符合或者满足上述相应性能的要求。

视频：产品质量法定义与性质

二、产品质量法概述

（一）立法背景

产品质量法，是指调整产品的用户或消费者，产品的生产者与销售者、产品质量监督管理部门之间因产品质量问题而形成的权利、义务关系的法律规范的总称。《产品质量法》于1993年2月22日第七届全国人民代表大会常务委员会第三十次会议通过，在2000年、2009年、2018年分别进行了修正。

《产品质量法》主要调整两大类社会关系：一是在国家对企业的产品质量进行监督管理过程中产生的产品质量管理关系，二是产品的生产者、销售者与产品的用户和消费者之间因产品缺陷而产生的产品质量责任关系。

（二）基本原则

1. 保护消费者、用户的合法权益原则

在现代经济条件下少数生产经营者为了追求利润而不择手段，使消费者置身于丧失财产乃至生命的危险之中。因此，政府要对处于弱势的消费者进行保护。如果政府能够切实保护消费者权利，则靠制造假冒伪劣产品、靠欺骗消费者赚钱的企业和个人就无法生存下去，从而在全社会形成一种靠正当经营、正当竞争来提高经济效益的良好商业氛围。这样就有利于促使企业努力加强管理，不断提高产品质量和服务质量，提高经济效益，推动社会进步。

2. 严格产品责任原则，又称"无过错赔偿责任"原则

严格产品责任原则是指如果存在产品对消费者造成了人身、财产的损害事实，就要求生产者和销售者承担赔偿责任，而不问生产者或销售者主观上是否有过错。

3. 鼓励产品质量超标和奖励优质者原则

为了鼓励工业企业不断提高产品质量，努力生产优质产品，适应我国社会主义现代化建设和人民生活水平以及扩大出口的需要，国家决定对工业产品中的优质品颁发国家质量奖。凡获得国家质量奖的产品，其质量只能提高，不能降低。凡不符合优质品获奖条件者，一律不得使用国家质量奖的标记。凡获得国家质量奖的产品，如果质量下降，企业应立即停止使用国家质量奖标记，并及时向有关领导部门报告，经采取措施，将产品达到原有质量水平后，可向有关部门提出申请恢复。

4. 各管理部门分工负责、密切配合原则

市场监督管理部门要各负其责，密切配合，共同做好市场监督管理工作。

（三）立法宗旨

《产品质量法》第一条规定："为了保障产品质量安全，促进产品质量提升，明确产品质量责任，保护消费者、经营者的合法权益，制定本法。"

（四）调整特点

《产品质量法》是一部综合性的法律规范，调整的社会关系很广泛。它不同于国际上

仅仅调整平等民事主体之间产品责任关系的产品责任法，而是把产品质量的监督管理和产品责任合二为一。它的立法宗旨是加强对产品质量的监督管理，提高产品质量水平，明确产品质量责任，保护消费者的合法权益，体现了国家维护社会主义市场经济秩序的精神。

《产品质量法》的调整对象包罗万象，几乎涵盖了我们生活中方方面面的物品。但这只是理论上，执法实践中，很多物品的质量问题一般用不到《产品质量法》，而是主要由相关单行法调整，比如《食品安全法》、《中华人民共和国药品管理法》、《中华人民共和国疫苗管理法》、《中华人民共和国特种设备安全法》、《中华人民共和国种子法》、《中华人民共和国消防法》、《中华人民共和国大气污染防治法》（以下简称《大气污染防治法》）、《中华人民共和国水法》、《中华人民共和国密码法》、《中华人民共和国传染病防治法》等。

《产品质量法》第八条第三款规定："法律对产品质量的监督部门另有规定的，依照有关法律的规定执行。"在产品质量方面，《产品质量法》和这些单行法律是一般法和特别法的关系，优先适用这些特别法。

三、生产者的产品质量责任和义务

（一）保证产品内在质量的义务

①产品不存在危及人身、财产安全的不合理的危险，有保障人体健康、人身和财产安全的国家标准、行业标准的，应当符合该标准。

②产品具备产品应当具备的使用性能，但是，对产品存在使用性能的瑕疵作出说明的除外。

③产品符合在产品或其包装上注明采用的产品标准，符合以产品说明、实物样品等方式标明的质量状况。

（二）产品标识应当符合法律要求

1. 产品标识

产品标识是指用于识别产品或其特征、特性所做的各种表示的统称。产品标识可以用文字、符号、标记、数字、图案等标识。根据不同产品的特点和使用要求，产品标识可以标注在产品上，也可以标注在产品包装上。

2. 《产品质量法》对产品或其包装上的标识的规定

产品或者其包装上的质量标识应当真实、清晰，并标明下列信息：

①应有产品质量检验合格证明。

②应有中文标明的产品名称、生产厂家和厂址。

③根据产品的特点和使用要求，需要标明产品规格、等级、所含主要成分的名称和含量的，应用中文相应予以标明；需要事先让消费者知晓的，应当在外包装上标明，或者预先通过其他方式向消费者提供有关资料；

④限期使用的产品，应当在显著位置清晰地标明生产日期和安全使用期或者失效

日期。

⑤使用不当，容易造成产品本身损坏或者可能危及人身、财产安全的产品，应有警示标志或者中文警示说明。

⑥裸装的食品和其他根据产品的特点难以附加标识的裸装产品，可以不附加产品标识。

（三）生产者对某些特殊产品的包装应当履行的义务

1. 产品包装

产品包装是指为在产品运输、储存、销售过程中保护产品，方便运输，促进销售，按一定技术方法而采用的容器、材料及辅助物并在包装上附加有关标识的总称。

2.《产品质量法》对某些特殊产品包装的规定

对易碎、易燃、易爆、有毒、有腐蚀性、有放射性等危险物品以及储运中不能倒置和其他有特殊要求的产品，其包装质量必须符合相应要求，依照国家有关规定作出警示标志或者中文警示说明，标明储运注意事项。

以案说法

基本案情：某机电设备供应公司与某电机厂签订了总经销该厂某牌号新型电机的合同。该电机厂是军工企业，生产技术力量雄厚。这种新电机是刚开发的产品，已通过了有关部门的鉴定。然而，当首批100台电机送到机电设备供应公司的仓库时，仓库的保管员却拒收。为此，电机厂派员与供应公司领导交涉。双方各执一词，争执不下。电机厂遂以该机电设备供应公司违约起诉至法院。电机厂诉称，这种电机经过部级鉴定，并领取了生产许可证。电机厂已经按照双方的合同交了货，供应公司的拒收行为违反了合同，要求供应公司履行合同义务，收受货物并依约支付货款。供应公司辩称，争执的焦点不在电机的质量，而在于电机上的铭牌。该铭牌上打着"中国制造"字样，却未标明电机厂的厂名和厂址，不符合有关法律规定；在厂方整改以前，供应公司不能收货并支付货款。法院在审理过程中进行了调解，在调解中双方达成了一致，于是，电机厂撤诉。此后，电机厂立即制造了符合标准的铭牌安装在电机上。铭牌换好后，供应公司收货并支付了货款。

案例评析：本案涉及的法律问题是生产者的产品标识义务。

《产品质量法》规定：标识的生产厂厂名和厂址，是指产品生产企业的实际名称及其主要住所的具体地址。在产品或其包装上标明产品的生产厂名、厂址，有利于消费者和用户对生产者的监督，也能促使生产者依法承担产品质量责任。

在本案中，生产者电机厂在其产品铭牌上只标明"中国制造"字样，而没有以中文标注的该厂厂名和厂址，不符合《产品质量法》关于生产者产品标识义务的规定。这表明电机厂没有全面履行合同义务，构成了违约。对方当事人有权拒绝收货并不支付价款，而且可以追究电机厂的违约责任。

（案例来源于网络，经编者整理）

（四）法律禁止生产者从事的行为

1. 生产者不得生产国家明令淘汰的产品

国家明令淘汰的产品是指国务院有关行政部门依据其行政职能，对消耗能源、污染环境、疗效不确切、毒副作用大、技术明显落后的产品，按照一定的程序，采用行政措施，通过发布行政文件的形式，向社会公布禁止生产、销售的产品。

2. 生产者不得伪造产地，不得伪造或者冒用他人的厂名、厂址

伪造产品产地是指在甲地生产的产品，而在产品标识上标注乙地的地名的质量欺诈行为，伪造或者冒用他人厂名、厂址是指非法标注他人厂名、厂址标识，或者在产品上编造、捏造不真实的生产厂名和厂址，以及在产品上擅自使用他人的生产厂厂名和厂址的行为。

3. 生产者不得伪造或者冒用认证标志等质量标志

质量标志是指标明产品质量状况的证书、标记。伪造或者冒用标志，是指在产品、标签、包装上，用文字、符号、图案等方式非法制作、编造、捏造或非法标注质量标志以及擅自使用未获批准的质量标志的行为。质量认证标志等产品质量标志表明的是产品质量所达到的水平，是产品质量信誉的标志，可对消费者选购产品起到信誉指南的作用。只有经具备发证资格的机构按规定的程序认定产品质量符合发给质量标志的条件后，企业才能在该产品上使用质量标志。

4. 生产者生产产品，不得掺杂、掺假，不得以假充真、以次充好，不得以不合格产品冒充合格产品

"掺杂、掺假"，是指在产品中掺入不属于该产品的应有成分，从而导致产品品质下降的行为。例如，在豆制品中掺滑石粉，在化肥中掺炉灰等。通常是在产品中掺入廉价物，以牟取暴利。"以假充真"，是指以非此种产品冒充此种产品的行为。例如，以人造革冒充真皮，以镀铜物冒充金制品等。这里讲的以假充真不包括假冒商标、假冒专利的行为。假冒商标或假冒专利分别受商标法和专利法的规制。"以次充好"，是指以质量等级低的产品冒充质量等级高的产品，如以二等品冒充一等品。广义上的"以次充好"，也包括以不合格品冒充合格品的行为。在生产、销售的产品中掺杂、掺假，以假充真，以次充好的行为，都属于质量欺诈，损害消费者利益的行为，必须予以禁止。

四、销售者的产品质量责任和义务

①销售者应当建立并执行进货检查验收制度，验明产品合格证明和其他标识。

如果在验收中发现产品的质量、品种、规格、产品标识是不符合规定的，销售者应当提出书面异议，要求供货方予以解决；如果销售者不提出异议，责任由其自负。

②销售者应当采取措施，保持销售产品的质量。

销售者应当根据产品的特点，采取必要的防雨、防晒、防霉变措施，对某些特殊产品采取控制温度、湿度等措施，确保其销售的产品不失效、不变质。

③销售者不得销售国家明令淘汰并停止销售的产品和失效、变质的产品。

④销售者销售的产品的标识应当符合法律对生产产品或其包装上的标识的规定。

⑤销售者不得伪造产地，不得伪造或冒用他人的厂名、厂址。

⑥销售者不得伪造或冒用认证标志等质量标志。

⑦销售者销售产品不得掺杂、掺假，不得以假充真、以次充好，不得以不合格产品冒充合格产品。

以案说法

基本案情：2023 年 6 月 25 日，诸暨市市场监督管理局依法对诸暨市某百货店进行检查，发现在售的 4 台家用燃气灶，均未安装熄火保护装置，且当事人在规定期限内无法提供上述产品的 CCC 认证证书。经检定，该批家用燃气灶具不符合 GB 16410—2020《家用燃气灶具》要求，为不合格产品。当事人的行为违反了《中华人民共和国认证认可条例》和《中华人民共和国产品质量法》之规定，该局依法对当事人作出行政处罚。

案例评析：2023 年 8 月 14 日，诸暨市市场监督管理局依法对某百货店销售无 CCC 认证标志和未安装熄火保护装置的家用燃气灶具的违法行为作出罚款 1.02 万元的行政处罚，并没收库存的 4 台未安装熄火保护装置的家用燃气灶。

（案例来源：绍兴市市场监督管理局）

五、产品质量法律责任

视频：产品出现质量问题，谁来担责

（一）产品质量法律责任的概念

1. 产品质量责任

产品质量责任是指产品的生产者、销售者违反《产品质量法》的规定，对其作为或者不作为应当依法承担的行政责任（如吊销企业的营业执照）、民事责任（如赔偿消费者损失）和刑事责任（如因销售假冒伪劣产品而被判处有期徒刑）。它具有强制性、明确性、制裁性等特点。

2. 判定产品质量责任的依据

（1）默示担保

默示担保是指国家有关法律、法规规定，产品质量必须符合安全、卫生要求，具备应有的使用性能。

（2）明示担保

明示担保是指明示采用的产品标准、合同、产品说明、实物样品，或者以其他方式表明质量指标。

（3）产品存在缺陷

产品存在缺陷是指产品存在危及他人人身、财产安全的不合理危险，并且造成了使用者或消费者的人身伤害或财产损失。

产品质量如违反默示担保或明示担保，无论是否造成损害后果，都应承担相应的法律责任。但对于产品存在缺陷来说，只有因产品缺陷造成了损害后果的才承担责任。

（二）民事责任

1. 一般民事责任

（1）产品质量责任

产品质量责任是指生产者、销售者违反产品质量义务所承担的法律后果。它是一种综合责任，包括民事责任、行政责任、刑事责任。

（2）产品责任

产品责任又称产品瑕疵责任，是指产品的生产者或销售者因产品的瑕疵而给消费者、使用者或他人造成人身、财产损害所应承担的责任。它是一种特殊的侵权责任。

（3）产品质量责任和产品责任的区别

①性质不同。产品责任是一种特殊的民事侵权；产品质量责任是一种综合责任。

②责任主体不同。产品责任的主体只限于生产者，和销售者无关；但产品质量责任的责任主体除了生产者和销售者，还包括对产品质量有直接责任的个人。

③责任范围不同。产品责任是一种民事责任，生产者和销售者只承担侵权的损害赔偿责任；而产品质量责任除侵权损害赔偿责任以外，其责任形式还有合同责任、行政责任和刑事责任。

④责任产生的时间不同。产品责任只能产生于损害结果发生之后，没有损害的事实就不可能产生产品责任，而产品质量责任则产生于产品的生产、销售、管理、使用、消费等任何一个环节，只要上述任何一个环节出现了违反《产品质量法》的行为或者存在损害事实，就有可能产生产品质量责任。

2. 产品缺陷致人损害赔偿责任

（1）产品质量缺陷的概念

产品质量缺陷是指产品存在危及他人人身和财产安全的不合理危险，或者是指不符合有关保障人体健康、人身财产安全的国家标准、行业标准的状况。

（2）承担责任的条件

①产品存在缺陷：设计上的缺陷；制造上的缺陷；指示上的缺陷；原材料上的缺陷。

②因产品缺陷造成了用户、消费者人身伤害或财产损失，产品责任以受害人的人身伤害和财产遭受损害为前提。

③产品缺陷与损害事实之间有因果关系。

（3）免责条件

①未将产品投入流通。

②产品投入流通时，引起损害的缺陷尚不存在。

③产品投入流通时的科学水平尚不能发现缺陷的存在。

（4）赔偿范围

①销售者的事后赔偿责任及追偿权。售出的产品有下列情形之一的，销售者应当负责修理、更换、退货；给购买产品的消费者造成损失的，销售者应当赔偿损失：

a. 具备产品应当具备的使用性能而事先未作说明；

b. 不符合在产品或者其包装上注明采用的产品标准；

c. 不符合以产品说明、实物样品等方式表明的质量状况。

销售者未按上述规定给予修理、更换、退货或者赔偿损失的，由管理产品质量监督工作的部门责令改正。

销售者按照上述规定负责修理、更换、退货或者赔偿损失后，属于生产者的责任或者属于向销售者提供产品的其他销售者的责任的，销售者有权向生产者、供货者追偿。

②生产者的事后赔偿责任。因产品存在缺陷造成他人人身、财产损害的，生产者应当承担赔偿责任。

③销售者的责任。由于销售者的过错使产品存在缺陷，造成他人人身、财产损害的，销售者应当承担赔偿责任。销售者不能指明缺陷产品的生产者或供货者的，销售者应当承担赔偿责任。

④受害人的索赔权。因产品存在缺陷造成他人人身、财产损害的，受害人可以向产品的生产者要求赔偿，也可以向产品的销售者要求赔偿。

⑤承担损害赔偿的方式：

a. 因产品存在缺陷造成受害人人身伤害的，侵害人应当赔偿医疗费、因误工减少的收入、残废者生活补助等。

b. 因产品存在缺陷造成受害人死亡的，侵害人应当赔偿或支付丧葬费、抚恤费、死者生前抚养者必要的生活费等。

c. 因产品存在缺陷造成受害人财产损失的，侵害人应当恢复原状或者折价赔偿。受害人因此遭受其他重大损失的，侵害人应当赔偿损失。

⑥产品质量纠纷的解决途径。因产品质量发生民事纠纷时，当事人可以通过协商或者调解解决，也可以向仲裁机构申请仲裁，还可向人民法院起诉。

⑦诉讼时效：

a. 普通时效 2 年。即因产品存在缺陷造成损害要求赔偿的诉讼时效期间为 2 年，自当事人知道或者应当知道其权益受到损害时起计算。

b. 特殊时效 10 年。即因产品存在缺陷造成损害要求赔偿的请求权，在造成损害的缺陷产品交付最初消费者满 10 年丧失；但是，尚未超过明示的安全使用期的除外。

（三）行政责任和刑事责任

1. 对销售者、生产者违法行为的处罚

（1）销售失效、变质的产品

责令停止销售，没收违法销售的产品，并处违法销售产品货值金额 2 倍以下的罚款；有违法所得的，并处没收违法所得；情节严重的，吊销营业执照；构成犯罪的，依法追究

刑事责任。

（2）销售不符合保障人体健康和人身、财产安全的国家标准、行业标准的产品

责令停止销售，没收违法销售的产品，并处违法销售产品货值金额等值以上3倍以下的罚款；有违法所得的，并处没收违法所得；情节严重的，吊销营业执照；构成犯罪的，依法追究刑事责任。

销售者销售不符合保障人体健康和人身、财产安全的国家标准、行业标准的产品，销售伪造产品产地，或者冒用他人厂名、厂址，或者冒用认证标志等质量标志的新产品，如果有充分证据证明其不知道该产品为禁止销售的产品并如实说明其进货来源的，可以从轻或者减轻处罚。

（3）生产者、销售者在产品中掺杂掺假，以假充真，以次充好，或者以不合格产品冒充合格产品

责令停止生产、销售，没收违法销售的产品，并处违法生产、销售产品货值金额50%以上3倍以下的罚款；有违法所得的，并处没收违法所得；情节严重的，吊销营业执照；构成犯罪的，依法追究刑事责任。

（4）生产者、销售者生产销售国家明令淘汰并停止销售的产品

责令停止生产、销售，没收违法销售的产品，并处违法生产、销售产品货值金额等值以下的罚款；有违法所得的，并处没收违法所得；情节严重的，吊销营业执照。

（5）生产者、销售者伪造产品产地的，伪造或冒用他人厂名、厂址的，伪造冒用认证标志等质量标志的产品

责令改正，没收违法生产、销售的产品，并处违法生产、销售产品货值金额等值以下的罚款；有违法所得的，并处没收违法所得；情节严重的，吊销营业执照。

以案说法

基本案情：2022年10月11日，根据举报线索，莱阳市市场监管局对莱阳市俊荣农资销售服务店进行现场检查，发现其店内销售的复合肥料外包装标注的生产厂家地址系伪造厂名、厂址，执法人员对上述复合肥料予以查封。2022年11月3日，当事人将莱阳市市场监管局查封的复合肥料擅自转移。

案例评析：本案中，当事人销售伪造厂名、厂址复合肥料的行为违反了《中华人民共和国产品质量法》第五十五条的规定，当事人擅自转移查封物品的行为，违反了《中华人民共和国产品质量法》第六十三条的规定。依据《中华人民共和国产品质量法》第五十三条、第六十三条的规定，莱阳市场监管局依法对当事人作出罚没10.15万元的行政处罚。

［案例来源：山东省市场监管局公布2023民生领域案件查办"铁拳"行动典型案例（第三批）］

（6）生产者产品不符合《产品质量法》对产品标识的具体要求

责令改正；情节严重的，责令停止生产、销售，并处违法生产、销售产品货值金额30%以下的罚款；有违法所得的，并处没收违法所得。

（7）生产者、销售者拒绝接受依法进行的质量监督检查

给予警告，责令改正；拒不改正的，责令停业整顿；情节特别严重的，吊销营业执照。

（8）以暴力、威胁方法拒绝产品质量监督部门的工作人员依法执行职务的

依法追究刑事责任；拒绝、阻碍未使用暴力、威胁方法的，由公安机关依照《中华人民共和国治安管理处罚法》的规定处罚。

2. 对产品质量监督管理部门和工作人员违法行为的处罚

《产品质量法》第六十六条、第六十七条和第六十八条，分别规定了对产品质量监督管理部门和工作人员违法行为的处罚，内容如下：

第六十六条："市场监督管理部门在产品质量监督抽查中超过规定的数量索取样品或者向被检查人收取检验费用的，由上级市场监督管理部门或者监察机关责令退还；情节严重的，对直接负责的主管人员和其他直接责任人员依法给予行政处分。"

第六十七条："市场监督管理部门或者其他国家机关违反本法第二十五条的规定，向社会推荐生产者的产品或者以监制、监销等方式参与产品经营活动的，由其上级机关或者监察机关责令改正，消除影响，有违法收入的予以没收；情节严重的，对直接负责的主管人员和其他直接责任人员依法给予行政处分。

产品质量检验机构有前款所列违法行为的，由市场监督管理部门责令改正，消除影响，有违法收入的予以没收，可以并处违法收入一倍以下的罚款；情节严重的，撤销其质量检验资格。"

第六十八条："市场监督管理部门的工作人员滥用职权、玩忽职守、徇私舞弊，构成犯罪的，依法追究刑事责任；尚不构成犯罪的，依法给予行政处分。"

3. 关于行政处罚的复议程序和诉讼程序

当事人对行政处罚决定不服的，可以在接到处罚通知书之日起15日内，向作出处罚决定的机关的上一级机关申请复议；当事人也可以在接到处罚通知书之日起15日内向人民法院提起行政诉讼。复议机关应当在接到复议申请之日起60日内作出复议决定。当事人对复议决定不服的，可以在接到复议决定之日起15日内向人民法院起诉。

六、产品质量的监督管理

（一）我国产品质量监督管理体制

1. 产品质量监督管理机构及职责

在我国，产品质量监督管理机构有以下部门：市场监督管理机构；行业监督管理部门。

以上产品质量监督管理机构的职责有：

①在各自的行政区域内和法律规定的权限内负责产品质量监督管理工作；
②监督产品质量抽查工作；
③负责处理消费者就产品质量问题提起的申诉；
④法律、法规规定的其他职责。

视频：质量监督立法和管理体制

2. 产品质量社会性监督

（1）用户、消费者的监督

《产品质量法》第二十二条规定，消费者有权就产品质量问题，向产品的生产者、销售者查询；向产品质量监督部门及有关部门申诉，接受申诉的部门应当负责处理。消费者在产品质量监督方面享有两方面的权利。一是查询权。对产品的质量问题，消费者有权向产品的生产者、销售者查询，通过查询了解产品的质量状况，根据产品的质量状况，自主决定选购所需产品。消费者的此项查询权，受法律的保护。对消费者就产品质量所提出的查询，生产者、销售者有义务如实回答。二是申诉权。消费者有权就产品质量向产品质量监督部门等有关部门申诉，接受申诉的部门应当负责处理。接受申诉的部门接到消费者的申诉后，应及时依法调查、处理，并向消费者作出答复。对查证属实的，应在各自的职责范围内，对生产者、销售者生产、销售假冒伪劣产品的违法行为依法给予行政处罚。

（2）消费者权益保护组织的监督

消费者协会是消费者权益的主要保护组织，是商品与服务的监督者，是对商品和服务进行社会监督的重要第三方力量，它与消费者联系最紧密，能够及时发现损害消费者权益行为和有利于消费者保护的好做法、好经验，通过向有关行政部门反映、查询、建议，协助政府加强对市场的监管；通过揭露批评、敦促、劝谕，使企业改进商品和服务质量，提高消费者满意度；通过鼓励行业、企业推出更有利于消费者的承诺、措施等，促进规范市场经济秩序，营造安全放心的消费环境。

（二）产品质量的监督管理内容

1. 企业质量体系认证

（1）定义

企业质量体系认证是指经法定认证机构对有关产品的质量进行公正的检验后，借助合格证书和合格标志，确认的证明该企业能够生产符合产品标准和技术要求的产品的一种制度。

（2）原则：自愿原则

企业根据自愿原则，可以向国务院产品质量监督管理部门，或其授权的部门认可的认证机构，申请产品质量认证。经认证合格的，由认证机构颁发产品质量认证证书，准许企业在产品或者其包装上使用产品质量认证标志。我国现已批准使用的产品质量认证标志有：长城标志、PRC 标志、方圆标志。

2. 产品质量监督检查

（1）定义

产品质量监督检查是指国务院产品质量监督管理部门以及地方各级产品质量监督管理部门，依据国家有关法律、法规和规章的规定，以及同级人民政府赋予的行政职权，对生产、流通领域的产品质量，代表政府实施的一种具有监督性质的检查活动。

（2）检查方式：抽查

国家对产品质量施行以抽查为主要方式的监督检查制度，对可能危及人体健康和人身、财产安全的产品，影响国计民生的重要工业产品以及消费者、有关组织反映有质量问题的产品进行抽查。产品质量监督检查所需检验费用按照国务院列支规定。

以案说法

基本案情：某超市经营的鸡精调味料经食品抽检，检测结果显示谷氨酸钠和呈味核苷酸二钠两个项目不符合 SB/T 10371—2003《鸡精调味料》要求，检验结论为不合格。市监管部门办理该抽检不合格案件时，应当依据《中华人民共和国产品质量法》定性，还是依据《中华人民共和国食品安全法》定性？

案例评析：所有食品安全监管工作和违法行为的处理都应当按照《食品安全法》优于其他法律来处理。依据《食品安全法》法律法规开展的食品安全抽检工作发现的食品问题，都应当用《食品安全法》处置。根据调查结果，具体违法行为是不符合食品安全标准、标签说明书不符合《食品安全法》等有关规定还是其他，应当对照相应条款定性并处罚。

（案例来源：国家市场监督管理总局）

第二节　认证认可条例

视频：认证认可基本法律制度

一、认证认可条例概述

产品质量认证是依据产品标准和相应技术要求，经认证机构确认并通过颁发认证证书和认证标志来证明某一产品符合相应标准和相应技术要求的活动。这一制度旨在规范质量认证行为，确保认证工作的有效性和公信力。所谓认可，是指由认可机构对认证机构从事评审、审核等认证活动人员的能力和执业资格，予以承认的合格评定活动。

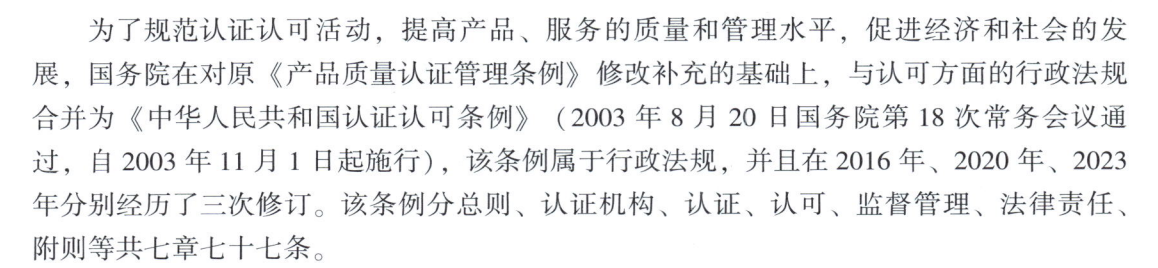

为了规范认证认可活动，提高产品、服务的质量和管理水平，促进经济和社会的发展，国务院在对原《产品质量认证管理条例》修改补充的基础上，与认可方面的行政法规合并为《中华人民共和国认证认可条例》（2003年8月20日国务院第18次常务会议通过，自2003年11月1日起施行），该条例属于行政法规，并且在2016年、2020年、2023年分别经历了三次修订。该条例分总则、认证机构、认证、认可、监督管理、法律责任、附则等共七章七十七条。

（一）立法目的

《认证认可条例》第一条规定："为了规范认证认可活动，提高产品、服务的质量和管理水平，促进经济和社会的发展，制定本条例。"由此可见，本条例的制定，是为了适应社会主义市场经济体制的发展和完善，着力解决目前我国在认证认可领域存在的政出多门、监督不力、有效性不足等问题，急需通过立法，使认证认可工作和活动纳入法治化、规范化的轨道。同时，为了有效地在认证认可领域推行依法行政，加强对认证市场监管力度，增强政府的服务意识，我国必须有法律的保障，进而提高政府对认证认可工作管理的水平，促进政府职能的转变。另外，我国已经加入世界贸易组织，为了履行我国入世承诺，使认证认可工作进一步适应国际通行规则，建立国家对认证认可工作统一的管理制度，需要制定这样一部法规，以促进我国经济和社会的发展，提高我国参与国际经济技术合作和竞争的实力。

（二）认证认可的基本原则

《认证认可条例》确立了从事认证认可、检验检测以及相关活动应遵循以下三项基本原则：

1. 客观独立原则

客观独立是指认证机构、认可机构及其审核员、评审员在开展认证认可活动的过程中，不带个人偏见，不受任何可能会影响认证或认可结果的商业、财政和其他压力，其业务活动也不受他人的干扰。

认证认可机构作为技术评价机构，只有具有中立的性质，才可以在认证认可活动中保持不偏不倚的地位和态度，对认证认可事项作出客观的合格评定，因此，国际通行规则都要求从机制上确保认证认可机构具有相对于政府部门其他认证认可利害关系人的独立性。

2. 公开公正原则

公开公正是指认证认可基本规范、规则应当透明，认证认可活动应当以使人们信任、合乎道德规范和没有歧视的方式进行。公开是针对认证认可机构的相对人和社会公众而言的，其最重要的价值是建立透明的认证认可机构，保障相对人和社会公众的知情权，防止暗箱操作，杜绝腐败滋生；公正是针对认证认可机构而言的，旨在维护法律正义和认证认可的中立，防止徇私舞弊。

为了确保认证认可机构的公正，《认证认可条例》要求认证认可机构必须保持"中立"，依法独立地开展认证工作，不得以委托人未参加认证咨询或者认证培训等为理由，拒绝提供本认证机构业务范围内的认证服务，也不得向委托人提出与认证活动无关的要求或者限制条件。关于认证认可的公开，《认证认可条例》作了明确而具体的规定，内容非常广泛，既包括认证机构的公开、认证认可程序的公开，也包括认证基本规范、认证规则、认证标准、收费标准等信息的公开，还包括认证认可结果的公开。

3. 诚实信用原则

诚实信用原则是市场经济活动的一项基本道德准则，是现代法治社会的一项基本法律规则，同时也是我们贯彻党中央依法治国基本方略的一项基本行为准则。它要求人们在市场经济活动中讲究信用、恪守诺言、童叟无欺，在不损害他人利益和社会利益的前提下，追求自己的利益。

诚实信用原则具体到认证认可活动中，就是要求参与认证认可活动的各方都应当以诚相待、以诚为本，重信誉、讲信用。

客观独立原则、公开公正原则与诚实信用原则是三个既相互独立又相互联系的基本原则，客观独立原则是实现认证认可公开公正原则的前提，公开公正原则为诚实信用原则树立了判断的基准。

（三）基本法律制度

所谓认证认可基本法律制度，是指贯穿认证认可活动始终，对整个认证认可活动具有指导意义的法律制度。统一的认证认可监督管理制度和平等互利的认证认可国际互认制度是《认证认可条例》所确立的两项认证认可基本法律制度。

1. 统一的认证认可监督管理制度

为了适应社会主义市场经济发展的需要，我国建立了统一的认证认可监督管理制度，从而实现了与国际惯例的接轨。这是我国认证认可管理体制改革的重要成果，也是我国兑现加入世贸组织承诺的积极举措。

统一的认证认可监督管理制度，就是在国务院认证认可监督管理部门统一管理、监督和综合协调下，各有关方面共同实施的一项工作机制。"统一"包括认可体系的统一和认可机构的统一。而认可体系的统一则包括统一产品目录，统一技术规范的强制性要求、标准和合格评定程序，统一标志和统一收费标准等内容。

统一的认证认可监督管理制度是认证认可工作和活动的基本法律制度。《认证认可条例》明确规定："国家实行统一的认证认可监督管理制度。国家对认证认可工作实行在国务院认证认可监督管理部门统一管理、监督和综合协调下，各有关方面共同实施的工作机制。"它的建立和实施有利于促进经济贸易的发展，提高产品质量和服务水平，增强在国际市场上的竞争力，维护公众的人身安全和健康，保护环境；有利于减少行政审批，推动政府职能转变；有利于社会信用制度的建立。

2. 平等互利的认证认可国际互认制度

为适应国际经济一体化的要求，加强认证认可领域的国际合作，提升我国企业、产品以及服务的国际竞争力，国家鼓励平等互利地开展认证认可、检验检测国际合作互认活动，积极采信国际互认结果。

所谓国际互认，是指一个供应商的质量体系只要获得一个属于国际标准化组织和国际电工组织质量体系评定和承认特别委员会（简称 ISO/IEC QSAR）系统中的某一个体系认证机构的认证，则质量体系评定和承认特别体系中任何国家的各方都要承认该认证的效力。为了便于识别，这类认证证书将带有 ISO/IEC QSAR 标志。

认证认可国际互认的提出最初是为了减少技术壁垒，被互认后，各自评定机构的结果被相互承认，又可以在各个成员方内互设合格评定机构，形成一个合格评定市场公平竞争的格局，使合格评定资源得到充分利用，避免重复性认证，避免经营费用的增加，降低不符合而带来的风险，促进贸易自由化，因而具有很大的积极意义，也因而为很多国家所接受和推崇。

实现认证认可的国际互认，除政治和经济条件之外，还需要一定的技术条件。为了创造国际互认所需的基本技术条件，国际标准化组织于 1985 年成立了一个专门机构，即合格评定委员会（CASCO），研究制定指导认证制度建设的各类标准和指南。经国际化标准组织理事会批准，CASCO 的主要任务是：

一是研究关于产品、过程、服务和质量体系符合适用标准或其他技术规范的评定方法；二是制定有关产品、过程和服务、质量体系认证以及检验和审核工作的国际指南；制定有关检验机构、审核机构和认证机构的评审和认可的国际指南；三是促进各国和区域合格评定制度间的相互承认和认可，并在检验、审核、认证、评定和有关工作中，促进采用、适用国际标准。中国也是 CASCO 活动的积极参加国。国家市场监督管理总局每年都派代表参加 CASCO 会议。

实施国家统一推行的认证制度所开展的国际互认活动，应当在国务院市场监督管理部门或者经授权的国务院有关部门对外签署的国际互认协议框架内进行。

（四）监督管理

1. 国家认证认可监督管理部门的职责

国务院认证认可监督管理部门可以采取组织同行评议，向被认证企业征求意见，对认证活动和认证结果进行抽查，要求认证机构以及与认证有关的检查机构、实验室报告业务活动情况的方式，对其遵守本条例的情况进行监督。发现有违反本条例行为的，应当及时查处，涉及国务院有关部门职责的，应当及时通报有关部门。

国务院认证认可监督管理部门应当重点对指定的认证机构、实验室进行监督，对其认证、检查、检测活动进行定期或者不定期的检查。指定的认证机构、实验室，应当定期向国务院认证认可监督管理部门提交报告，并对报告的真实性负责；报告应当对从事列入目录产品认证、检查、检测活动的情况作出说明。

认可机构应当定期向国务院认证认可监督管理部门提交报告，并对报告的真实性负责；报告应当对认可机构执行认可制度的情况、从事认可活动的情况、从业人员的工作情况作出说明。

2. 国家对认证认可的监管

国务院认证认可监督管理部门应当对认可机构的报告作出评价，并采取查阅认可活动档案资料、向有关人员了解情况等方式，对认可机构实施监督。

国务院认证认可监督管理部门可以根据认证认可监督管理的需要，就有关事项询问认可机构、认证机构、检查机构、实验室的主要负责人，调查了解情况，给予告诫，有关人员应当积极配合。

县级以上地方人民政府市场监督管理部门在国务院认证认可监督管理部门的授权范围内，依照本条例的规定对认证活动实施监督管理。

国务院认证认可监督管理部门授权的县级以上地方人民政府市场监督管理，简称地方认证监督管理部门。

任何单位和个人对认证认可违法行为，有权向国务院认证认可监督管理部门和地方认证监督管理部门举报。国务院认证认可监督管理部门和地方认证监督管理部门应当及时调查处理，并为举报人保密。

视频：认证机构

二、认证机构

（一）认证机构的概念及特征

《认证认可条例》所称认证，是指由认证机构证明产品、服务、管理体系符合相关技术规范、相关技术规范的强制性要求或者标准的合格评定活动。

认证机构依照法律的规定，按照审核批准的范围从事产品、服务和管理体系的认证活动。认证机构是经国务院认证认可监督管理部门批准，依法取得法人资格的社会组织。这一定义，包含以下几层含义：

1. 认证机构是社会组织

认证机构是一个特殊的社会组织，既不同于自然人，也有别于国家机关、事业单位、企业单位等类型的社会组织，从其性质上来讲属于社会团体的范畴。

2. 认证机构是具有法人资格的社会组织

认证机构不仅仅是一个社会组织，而且是一个具有法人资格的社会组织。认证机构的法人性质，决定了认证机构可以以自己的名义从事批准范围内的认证活动，同时也应当以自己所有的全部财产承担法律责任。

3. 认证机构是经国务院认证认可监督管理部门批准的具有法人资格的社会组织

区别于由其他批准机关批准成立的法人性社会组织，国家认证认可监督管理委员会（以下简称"国家认监委"）是我国法定的认证认可监督管理部门，是由国务院组建并授权，履行行政管理职能，统一管理、监督和综合协调全国认证认可工作的主管机构，目前机构设在国家市场监督管理总局下。

（二）设立认证机构的条件和程序

同自然人因出生而成立不同，认证机构作为法人性社会组织因设立而成立。《认证认可条例》对认证机构设立的条件和程序作出了具体的规定。

1. 认证机构设立的条件

认证机构设立的条件是指法律规定的设立认证机构所应当具备的基本要素。这些条件是认证机构从事认证认可活动和依法承担法律责任的物质基础和法律保障，包括以下两种类型的条件：

（1）一般认证机构的设立条件

①具有法人资格；

②有固定的场所和必要的设施；

③有符合认证认可要求的管理制度；

④注册资本不得少于人民币300万元；

⑤有10名以上相应领域的专职认证人员；

条例同时规定，从事产品认证活动的认证机构，除应当符合上述条件之外，还应当具备与从事相关产品认证活动相适应的检测、检查等技术能力。

（2）外商投资的认证机构设立条件

《认证认可条例》规定，境外认证机构在中华人民共和国境内设立代表机构，须向市场监督管理部门依法办理登记手续后，方可从事与所从属机构的业务范围相关的推广活动，但不得从事认证活动。

境外认证机构在中华人民共和国境内设立代表机构的登记，按照有关外商投资法律、行政法规和国家有关规定办理。

2. 认证机构设立的程序

认证机构设立的程序是指法律规定的设立认证机构所应当经过的法定阶段，在我国境内设立认证机构的程序包括两个阶段：申请、批准。

（1）申请

我国认证机构的设立采取申请制。根据《认证认可条例》规定，设立认证机构，申请人应当向国务院认证认可监督管理部门提出书面申请，并提交符合条例规定条件的证明文件。

（2）批准

批准是认证机构设立的必经程序，同时，也是核心程序。国务院认证认可监督管理部门是法定的申请审核机关。根据《认证认可条例》规定，国务院认证认可监督管理部门应当自受理认证机构资质申请之日起45日内作出是否批准的决定。涉及国务院有关部门职责的，应当征求国务院有关部门的意见。受理部门决定批准的，应当向申请人出具批准文件；决定不予批准的，应当书面通知申请人，并说明理由。国务院认证认可监督管理部门应当公布依法取得认证机构资质的企业名录。

依法设立是认证机构从事批准范围内认证活动的前提条件，未经批准，任何单位和个人都不得从事认证活动。根据《认证认可条例》规定，未经批准擅自从事认证活动的，予以取缔，处10万元以上50万元以下的罚款，有违法所得的，没收违法所得。境外认证机构未经登记在中华人民共和国境内设立代表机构的，予以取缔，处5万元以上20万元以下的罚款。经登记设立的境外认证机构代表机构在中华人民共和国境内从事认证活动的，责令改正，处10万元以上50万元以下的罚款，有违法所得的，没收违法所得；情节严重的，撤销批准文件，并予公布。

视频：产品认证证书和认证标志

三、认证制度

（一）认证机构的活动准则

依据《认证认可条例》，认证机构的活动准则如下：

①认证机构应当按照认证基本规范、认证规则从事认证活动。认证基本规范、认证规则由国务院认证认可监督管理部门制定；涉及国务院有关部门职责的，国务院认证认可监督管理部门应当会同国务院有关部门制定。属于认证新领域，前款规定的部门尚未制定认证规则的，认证机构可以自行制定认证规则，并报国务院认证认可监督管理部门备案。

②任何法人、组织和个人可以自愿委托依法设立的认证机构进行产品、服务、管理体系认证。

③认证机构不得以委托人未参加认证咨询或者认证培训等为理由，拒绝提供本认证机构业务范围内的认证服务，也不得向委托人提出与认证活动无关的要求或者限制条件。

④认证机构应当公开认证基本规范、认证规则、收费标准等信息。

⑤认证机构以及与认证有关的检查机构、实验室从事认证以及与认证有关的检查、检测活动，应当完成认证基本规范、认证规则规定的程序，确保认证、检查、检测的完整、客观、真实，不得增加、减少、遗漏程序。认证机构以及与认证有关的检查机构、实验室应当对认证、检查、检测过程作出完整记录，归档留存。

⑥认证机构及其认证人员应当及时作出认证结论，并保证认证结论的客观、真实。认证结论经认证人员签字后，由认证机构负责人签署。认证机构及其认证人员对认证结果负责。

⑦认证结论为产品、服务、管理体系符合认证要求的，认证机构应当及时向委托人出具认证证书。

⑧获得认证证书的，应当在认证范围内使用认证证书和认证标志，不得利用产品、服务认证证书、认证标志和相关文字、符号，误导公众认为其管理体系已通过认证，也不得利用管理体系认证证书、认证标志和相关文字、符号，误导公众认为其产品、服务已通过认证。

⑨认证机构可以自行制定认证标志，并报国务院认证认可监督管理部门备案。认证机构自行制定的认证标志的式样、文字和名称，不得违反法律、行政法规的规定，不得与国家推行的认证标志相同或者近似，不得妨碍社会管理，不得有损社会道德风尚。

⑩认证机构应当对其认证的产品、服务、管理体系实施有效的跟踪调查，认证的产品、服务、管理体系不能持续符合认证要求的，认证机构应当暂停其使用直至撤销认证证书，并予公布。

以案说法

基本案情：当阳市市场监督管理局于2024年发布行政处罚决定书，决定责令中天鸿图国际认证有限公司改正违法行为，处罚款65 000元。详情如下：

行政处罚决定书文号：当阳市监处罚〔2024〕57号

处罚类别：罚款

处罚决定日期：2024-04-07

处罚内容：《中华人民共和国认证认可条例》第五十九条规定："认证机构有下列情形之一的，责令改正，处5万元以上20万元以下的罚款，有违法所得的，没收违法所得；……（二）增加、减少、遗漏认证基本规范、认证规则规定的程序的；……"依据该规定，本局决定责令当事人改正违法行为，处罚款65 000元。

罚款金额（万元）：6.5

违法行为类型：违法从事认证业务

违法事实：

经查，受审核方于2022年11月9日向当事人提交了《认证申请书》，当事人于2022年11月14日与受审核方签订了《管理/评价体系认证合同》，2023年1月4日当事人对受审核方进行了第一阶段现场审核，1月5—6日进行了第二阶段现场审核，2023年1月10日向受审核方颁发了质量管理体系认证证书，证书编号为62823Q4105R0S，认证覆盖范围为药用聚乙烯膜、袋的生产，塑料包装制品的生产及印刷。受审核方暂时还未向当事人支付认证费用。

另查明，受审核方2022年11月8日与武汉武图信息技术有限公司签订了《咨询辅导合同》，由该公司指导建立质量管理体系，2023年1月4日，当事人开展第一阶段现场审核，审核过程中，武汉武图信息技术有限公司工作人员将《质量手册》及内审管理评审、程序文件、管理制度、记录表单等质量管理体系文件发给受审核方并打印出来，打印出来的文件与实际不符。

受审核方质量管理体系文件中存在的折弯机、气动压力机、电焊机、冲床、剪板机等操作规程和受审核方实际完全不相符。审核文件《不符合报告》中"不符合内容：企业识别'注塑'过程为特殊过程，但不能提供'注塑'过程年度确认的有效证"及"验证结论：上述不符合已得到纠正"等内容与实际情况不符；审核文件《特殊过程的确认记录》中标注受审核方的特殊过程名称是"注塑"，特殊过程使用的主要设备为"膜厚仪"，特殊过程使用的作业指导书为《吹塑作业指导书》。从《管理体系审核报告》及该公司实际工艺流程可知，该公司不存在"注塑"工序，也没有"膜厚仪"这个设备。

处罚依据：《中华人民共和国认证认可条例》

处罚机关：当阳市市场监督管理局

案例评析：随着"体系认证"的发展，特别是在招投标、政府采购领域上的应用，市场上申请办理体系认证证书的企业数量越来越多。不过，在每次市场监管机构的抽查总会出现一些认证机构存在违规行为，受到市场监督管理机构的处罚。选认证机构时，企业要注意通过相关渠道了解所选择的认证机构是否存在违法/被处罚信息（可通过信用中国查询），或自身经营状况如何，避免所选择的认证机构"问题多多"影响到企业认证。

（案例来源：当阳市市场监督管理局）

（二）国家对认证机构的管理

依据《认证认可条例》，国家对认证机构的管理有如下规定：

①为了保护国家安全、防止欺诈行为、保护人体健康或者安全、保护动植物生命或者健康、保护环境，国家规定相关产品必须经过认证的，应当经过认证并标注认证标志后，方可出厂、销售、进口或者在其他经营活动中使用。

②国家对必须经过认证的产品，统一产品目录，统一技术规范的强制性要求、标准和合格评定程序，统一标志，统一收费标准。统一的产品目录（以下简称"目录"）由国务院认证认可监督管理部门会同国务院有关部门制定、调整，由国务院认证认可监督管理部门发布，并会同有关方面共同实施。

③列入目录的产品，必须经国务院认证认可监督管理部门指定的认证机构进行认证；列入目录产品的认证标志，由国务院认证认可监督管理部门统一规定。

④列入目录的产品，涉及进出口商品检验目录的，应当在进出口商品检验时简化检验手续；列入目录产品的生产者或者销售者、进口商，均可自行委托指定的认证机构进行认证。

⑤指定的认证机构、检查机构、实验室应当在指定的业务范围内，为委托人提供方便、及时的认证、检查、检测服务，不得拖延，不得歧视、刁难委托人，不得牟取不当利益，指定的认证机构不得向其他机构转让指定的认证业务。

⑥指定的认证机构、实验室开展国际互认活动，应当在国务院认证认可监督管理部门或者经授权的国务院有关部门对外签署的国际互认协议框架内进行。

（三）认证机构的工作内容

认证机构的工作内容就是认证。前面介绍过认证的含义，故认证机构的工作就是产品认证、服务认证、管理体系认证。

1. 产品认证

产品认证是指认证机构按照一定程序规则证明产品符合相关标准和技术规范要求的合格评定活动。产品认证按其性质，可以分为强制性产品认证和自愿性产品认证；按其目的，可分为安全认证、品质认证、EMC认证、节能认证、节水认证等。常见的产品认证有：CCC 国家强制性认证、有机产品认证、绿色食品、农产品地理标志认证、良好农业规范认证、绿色产品认证、环保产品认证、中国环境标志产品认证（俗称"十环认证"）等。

普法课堂

绿色产品认证

一、背景和定义

随着经济的发展，人们对绿色产品，即质优、安全、环保的高品质产品消费需求有了显著提升，但目前市面流通的产品上绿色、环保、节能、节水等标识五花八门，让消费者很难辨别。为了解决不统一的问题，国务院办公厅出台了《关于建立统一的绿色产品标准、认证、标识体系的意见》，按照统一目录、统一标准、统一评价、统一标识的方针，将现有环保、节能、节水、循环、低碳、再生等产品整合为绿色产品，建立起统一的绿色产品认证标准、认证标识。

二、推行绿色产品认证的意义

对企业来说，一是企业通过绿色产品认证，可以在产品上使用绿色认证标识，有助于消费者识别，与普通产品进行区分，提高企业的市场竞争力；二是国家正在推行"绿色产品推广和采信机制"，并率先执行，要求政府采购加大绿色产品购买力度，同时也鼓励流通企业采购和销售绿色产品；三是目前许多城市都已经推出绿色产品认证扶持政策，通过绿色产品认证的企业可以申请获得相应政策优惠。

对消费者来说，随着经济社会的发展，人们对绿色产品的消费需求显著提升，绿色产品标识作为一个辨识度较高的认证标志，不仅可以把准确可靠的质量信息传递给用户和消费者，还起到质量信誉担保的作用。消费者通过选购加施绿色产品标识的产品，便可以购买到高品质、耐用、对生态无影响或影响较小的产品，不需为如何选择而困扰。

三、什么是绿色产品

依据《绿色产品评价通则》（GB/T33761—2017），绿色产品是指在全生命周期中，符合环境保护要求，对生态环境和人体健康无害或危害小、资源能源消耗少、品质高的产品。绿色产品的评价指标包含资源属性、能源属性、环境属性、品质属性，其内涵在于满足用户使用要求和消费升级需求，节约资源和能源，保护生态环境，对环境无影响或影响极小，保护消费者身体健康，产品无毒无害或低毒低害。

四、什么是绿色产品认证

绿色产品认证是一种国家统一推行的自愿性产品认证，定位是高端绿色产品，是由国家认证认可行业管理部门制定相应的认证制度，经批准并具有资质的认证机构按照"统一的认证标准、实施规则和认证程序"开展实施的认证项目。

五、哪些机构可以开展绿色产品认证

从事绿色产品认证的认证机构应当依法设立，符合《认证认可条例》《中华人民共和国认证机构管理办法》规定的基本条件,并具备与从事绿色产品认证相适应的技术能力,经国务院认证认可监督管理部门批准后方可依据相关认证实施规则开展绿色产品认证。

六、绿色产品认证目录

根据国家市场监督管理总局发布的绿色产品目录,目前中国绿色产品包括人造板和木质地板、涂料、卫生陶瓷、建筑玻璃、太阳能热水系统、家具、绝热材料、防水与密封材料、陶瓷砖(板)、纺织产品、木塑制品、纸和纸制品、塑料制品、洗涤用品、电冰箱、空调器和洗衣机、轮胎。同时还有一部分为"含有绿色属性的产品",包括电器电子产品、建材(围护结构与混凝土类、门窗幕墙及装饰装修类、防水密封及建筑涂料类、给排水及水处理设备类、暖通空调及太阳能利用与照明类等)、快递包装。

七、绿色产品认证标识及适用范围

绿色产品标识基本图案"CGP"为"中国绿色产品"对应英文首字母的缩写,并组成树形图案(见图3-1),寓意标识"关注环境、关注资源、关注人类可持续发展"的"绿色"主旨。同时,"CGP"组成的图案,也类似中国的"品"字,表征获得认证产品所具有的高品质。中国绿色产品在产品包装上可以使用的标志见图3-2所示。

图3-1 绿色产品标识的基本图案

图3-2 绿色属性的产品包装上可以使用的标识

动手探究

消费者如何识别绿色产品?

在绿色产品本体、铭牌、包装、随附文件(如说明书、合格证等)、相关操作系

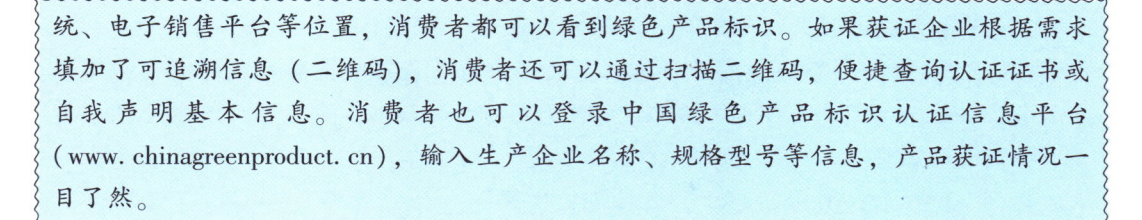

统、电子销售平台等位置，消费者都可以看到绿色产品标识。如果获证企业根据需求填加了可追溯信息（二维码），消费者还可以通过扫描二维码，便捷查询认证证书或自我声明基本信息。消费者也可以登录中国绿色产品标识认证信息平台（www.chinagreenproduct.cn），输入生产企业名称、规格型号等信息，产品获证情况一目了然。

2. 服务认证

服务认证是指由认证机构按照一定程序规则证明服务场所、服务活动的组织与推广等服务，符合相关标准和技术规范要求的合格评定活动。服务认证不同于服务业的体系认证，主要侧重企业针对售后或者行业服务流程方面的客户满意度是否达标。它是基于顾客感知，关注组织质量管理和服务特性满足程度的新型认证制度，是国家认证制度中重要的组成部分。其本质属性是"传递信任、服务发展"，包含我们常见的商品售后服务评价体系（有些机构称之为五星服务或者其他星级服务认证），另外还有很多针对行业的特殊服务认证，如道路运输服务认证、物业管理服务认证、保安服务认证、生鲜农产品配送服务认证、初级生鲜食品配送服务认证、养老服务认证、设备维修服务认证、汽车维修服务认证等。

【标准案例】

商品售后服务评价体系认证

商品售后服务评价体系认证是属于服务认证类别，颁发的是"服务认证证书"。《商品售后服务评价体系》（GB/T 27922）是一个评价性质的标准，认证目的是评出服务优秀的企业。认证的结果是证明企业按照标准实施了售后服务，并达到了某一个级别（星级）。GB/T 27922适用于中华人民共和国境内生产型企业和销售服务型企业的售后服务水平。建立GB/T 27922的目的主要是客观反映企业售后服务工作的现实状况，准确衡量企业售后服务的实际水平，发现并克服售后服务工作中的不足，促进企业售后服务工作的改进。

一、适用的企业类型

在中华人民共和国境内注册的各类生产、销售及服务型企业，并同时具备以下相关条件：

1. 有完善的售后服务规章制度；
2. 有专人负责售后服务工作体系；
3. 有售后服务专项资金保障；
4. 售后服务无重大失误；
5. 企业有经过正规培训的售后服务管理师及服务队伍；
6. 企业具有独立法人资格。

二、评价标准

GB/T 27922 是一个评价性质的标准，认证的结果是证明企业按照标准实施了售后服务，并达到了某一个高度（星级）。它是评分制的认证，是依据评价的分值来衡量服务能力的高低：

达到 70 分（含 70 分）以上，达标级售后服务；

达到 80 分（含 80 分）以上，三星级售后服务；

达到 90 分（含 90 分）以上，四星级售后服务；

达到 95 分（含 95 分）以上，五星级售后服务。

三、认证的优势

1. 权威认证：实施服务认证的机构必须是经过国家认监委批准的，其认证领域包括服务认证的机构，这类机构颁发的商品售后服务认证证书可以在国家认监委的网站上查询，以证实其权威性。

2. 能力的标志：商品售后服务认证越来越多地成为政府质量奖评比、大型企事业单位招投标、政府部门采购等活动的加分项和重要的参考，让企业在竞争中抢占先机。通过商品售后服务认证的企业通常在招投标和政府采购招投标方面，有 2~3 分的加分优势，根据企业获颁的售后服务等级不同，有的甚至有 5 分的加分优势。

3. 提升企业效益：通过商品售后服务认证可以不断改进和完善服务体系，提高商品服务和顾客服务的水平，通过提升服务质量，增强顾客满意度，进而提升企业的经济效益。

4. 提高服务意识：企业实施商品售后服务认证，用国家标准严格要求自己，使企业的售后服务更加规范，能够不断提高企业人员的服务意识和服务能力。

5. 消费者认可：使用公正的第三方认证机构出具的商品售后服务认证证书，可以更好地被消费者所接受，通过商品售后服务认证传递信任比企业的自我说明更有说服力。

3. 管理体系认证

管理体系认证是指由认证机构依据公开发布的管理体系标准，遵照相应认证程序要求，对供方的管理体系进行科学公正的评价，由认证机构颁发管理体系认证证书，并实施监督活动。目前，世界范围内存在着多种针对不同管理对象的管理体系认证，其中在市场交易和贸易活动中十分重要的管理体系认证主要包括以下几种：

（1）ISO 9001 认证（质量管理体系）

ISO 9001 标准是一个放之四海皆准的东西，这并不是说 9000 标准有多么万能，而是因为 9001 是一个基础型的标准，是西方质量管理科学的精华，不仅生产型的企业适用，服务性行业、中介公司、销售公司等也都适用，因为讲究质量都是共通的。

一般来说，ISO 9001 标准比较适合生产型企业，因为标准中的内容比较好对应，过程对应比较清楚，因此有对号入座的感觉。

销售公司可以分为两种：纯销售和生产型销售公司。如果是纯销售公司，其产品就是外包或采购的，其产品就是销售服务，而不是产品生产，因此策划过程就要考虑产品（销售过程）的特殊性，这样会比较好策划体系。如果是生产型的销售企业，中间包括了生产，就应该把生产过程及销售过程都策划进去，所以销售公司申请 ISO 9001 证书时就应该考虑自己的产品，与生产型企业区分开。

总的来说，无论企业大小，无论什么行业，目前所有企业都适合进行 ISO 9001 认证，其适用范围面很广，亦是所有企业发展壮大的基础、根基。针对不同行业，ISO9001 又衍生出不同的细化标准，例如汽车行业、医疗行业的质量体系标准等。

（2）ISO 14001 认证（环境管理体系）

ISO 14001 标准适用于任何组织，包括企业、事业及相关政府单位，通过认证后可证明该组织在环境管理方面达到了国际水平，能够确保对企业各过程、产品及活动中的各类污染物控制达到相关要求，给企业树立良好的社会形象。

现在环境保护问题日益受到人们的关注，自从国际标准化组织发布了 ISO 14001 标准和其他几个相关标准以来，得到了世界各国的普遍响应和关注。越来越多注重环境节能的企业自愿推行 ISO 14001 认证。一般来说，企业推行 ISO14001 认证有以下几种情况：

①企业注重环境保护，希望通过推行 ISO 14001 认证，从根本上实现污染预防和持续改进，同时推动企业开发清洁产品、采用清洁工艺、采用高效设备、合理处置废物的进程。

②相关方要求。如供方、顾客、招投标等的需求，需要企业提供 ISO 14001 认证证书。

③提高企业管理水平，推动企业管理模式转变。通过对各种资源的消耗的控制，全面优化本身的成本管理。

总而言之，ISO 14001 认证是一项自愿性认证，凡是有需求提高的企业都可以推行此项认证来加强企业的知名度，从根本上改善管理水平。

（3）ISO 45001 认证（职业健康安全管理体系）

ISO 45001 标准是国际性安全及卫生管理系统验证标准，是原职业健康及安全管理体系（OHSAS 18001）的新版本，目的是通过管理减少及防止因意外而导致生命、财产、时间的损失，以及对环境的破坏。

ISO 45001 标准为组织提供一套控制风险的管理方法：通过专业性的调查评估和相关法规要求的符合性鉴定，找出存在于企业的产品、服务、活动、工作环境中的危险源，针对不可容许的危险源和风险制订适宜的控制计划，执行控制计划，定期检查评估职业健康安全规定与计划，建立包含组织结构、职责、培训、信息沟通、应急准备与响应等要素的管理体系，持续改进职业健康安全绩效。

我们通常将 ISO 9001、ISO 14001 以及 ISO 45001 这三大体系一起合称为"三体系"（又称"三标"）。这三大体系标准适用于各行各业，有些地方政府会给予通过认证的企业财政补助。

（4）HACCP 认证（食品安全管理体系）

"危害分析和关键控制点（HACCP）"作为一种控制方法，通过对食品工业的食品链

（自原料生产、接收、加工、包装、储存、运输、销售至食用）及食品的食用的各个环节和过程进行危害分析，确定其预防措施及关键控制点和控制方法，并进行程序化控制，来消除危害或将危害降至可接受水平。

HACCP 是一个预防性的、用于保护食品，防止产生生物、化学、物理危害的食品安全控制体系。食品加工行业用它来分析食品生产的各个环节，找出具体的安全危害，并通过采取有效的预防控制措施，对各个关键环节实施严格的监控，从而实现对食品安全危害的有效控制。

近年来，随着全世界人们对食品安全卫生的日益关注，食品工业和其消费者已经成为企业申请 HACCP 认证的主要推动力。

世界范围内食物中毒事件的显著增加激发了经济秩序和食品卫生意识的提高，在美国、欧洲、英国、澳大利亚和加拿大等国家，越来越多的法规和消费者要求将 HACCP 标准的要求变为市场的准入要求。一些组织，例如美国国家科学院、国家微生物食品标准顾问委员会以及 WHO/FAO 营养法委员会，一致认为 HACCP 是保障食品安全最有效的管理体系。

视频：认可机构与认可对象

四、认可制度

（一）认可的概念与特征

《认证认可条例》所称认可，是指由认可机构对认证机构、检查机构、实验室以及从事评审、审核等认证活动人员的能力和执业资格，予以承认的合格评定活动。认可具有以下几个方面的法律特征：

1. 认可主体

认可主体，是由国务院认证认可监督管理部门确定的认可机构。除了国家认监委确定的认可机构，其他任何单位不得直接或者变相从事认可活动。其他单位直接或者变相从事认可活动的，其认可结果无效。特别需要指出的是，与认证机构的多元化和社会化不同，自 2006 年以来，我国实行了统一的认可制度，中国合格评定国家认可委员会（CNAS）成为我国政府授权的唯一的国家认可机构。

2. 认可对象

认可对象，包括机构和人员两大类。其中，机构认可又包括认证机构认可、检查机构认可、实验室认可三类；人员认可则主要是对从事评审、审核等认证活动人员的认可。

3. 认可依据

认可依据，主要是相关的各类标准和规则、准则、指南（后三者也可视为标准化文件)。以 CNAS 为例，其认可规范包括认可规则、认可准则、认可指南和认可方案文件。其中，认可规则（R 系列）是 CNAS 实施认可活动的政策和程序，包括通用规则和专项规则类文件；认可准则（C 系列）是 CNAS 认可的合格评定机构应满足的基本要求，包括基本准则（如等同采用的相关 ISO/IEC 标准、导则等）以及对其应用指南或应用说明（如采用的 IAF、ILAC 制定的对相关 ISO/IEC 标准、导则的应用指南，或其他相关组织制定的规范性文件，以及 CNAS 针对特别行业制定的特定要求等）文件；认可指南（G 系列）是 CNAS 对认可准则的说明或应用指南，包括通用和专项说明或应用指南类文件；认可方案（S 系列）是 CNAS 针对特别领域或行业对上述认可规则、认可准则和认可指南的补充。

4. 认可模式

我国目前实行自愿性认可与强制性认可相结合的认可模式。根据《认证认可条例》的相关规定，机构认可是自愿性认可。认证机构、检查机构、实验室可以通过认可机构的认可，以保证其认证、检查、检测能力持续、稳定地符合认可条件。人员认可则为强制性认可。从事评审、审核等认证活动的人员，应当经认可机构注册后，方可从事相应的认证活动。认可机构应当按照国家标准和国务院认证认可监督管理部门的规定，对从事评审、审核等认证活动的人员进行考核，考核合格的，予以注册。

视频：认可要求及规则解读

（二）认可机构的活动准则

根据我国认证认可发展的现状，为了保证认证认可活动的客观公正和真实有效，《认证认可条例》从以下几个方面对认证机构、认可机构的行为作出了规范：

①从事评审、审核等认证活动的人员，应当经认可机构注册后，方可从事相应的认证活动。

②认可机构应当具有与其认可范围相适应的质量体系，并建立内部审核制度，保证质量体系的有效实施。

③认可机构根据认可的需要，可以选聘从事认可评审活动的人员。从事认可评审活动的人员应当是相关领域公认的专家，熟悉有关法律、行政法规以及认可规则和程序，具有评审所需要的良好品德、专业知识和业务能力。

④认可机构委托他人完成与认可有关的具体评审业务的，由认可机构对评审结论负责。

⑤认可机构应当公开认可条件、认可程序、收费标准等信息。认可机构受理认可申请，不得向申请人提出与认可活动无关的要求或者限制条件。

⑥认可机构应当在公布的时间内，按照国家标准和国务院认证认可监督管理部门的规定，完成对认证机构、检查机构、实验室的评审，作出是否给予认可的决定，并对认可过程作出完整记录，归档留存。认可机构应当确保认可的客观公正和完整有效，并对认可结

论负责。认可机构应当向取得认可的认证机构、检查机构、实验室颁发认可证书，并公布取得认可的认证机构、检查机构、实验室名录。

⑦认可机构应当按照国家标准和国务院认证认可监督管理部门的规定，对从事评审、审核等认证活动的人员进行考核，考核合格的，予以注册。

⑧认可证书应当包括认可范围、认可标准、认可领域和有效期限。

⑨取得认可的机构应当在取得认可的范围内使用认可证书和认可标志。取得认可的机构不当使用认可证书和认可标志的，认可机构应当暂停其使用直至撤销认可证书，并予公布。

⑩认可机构应当对取得认可的机构和人员实施有效的跟踪监督，定期对取得认可的机构进行复评审，以验证其是否持续符合认可条件。取得认可的机构和人员不再符合认可条件的，认可机构应当撤销认可证书，并予公布。取得认可的机构的从业人员和主要负责人、设施、自行制定的认证规则等与认可条件相关的情况发生变化的，应当及时告知认可机构。

⑪认可机构不得接受任何可能对认可活动的客观公正产生影响的资助。

⑫境内的认证机构、检查机构、实验室取得境外认可机构认可的，应当向国务院认证认可监督管理部门备案。

五、违反条例的法律责任

《认证认可条例》法律责任一章，针对不同的违法行为，明确规定了违反条例规定的单位或个人应当承担的责任，包括民事责任、行政责任、刑事责任。《认证认可条例》设定的行政处罚种类多，处罚力度大，其规定的处罚种类包括警告、罚款、没收违法所得、责令停业整顿、撤销资格等。

以案说法

基本案情：2023 年 9 月 24 日，嵊州市市场监管局依法对嵊州市某电器有限公司违反认证认可和强制性产品认证管理规定的违法行为作出罚没款 10 185.28 元的行政处罚。

2023 年 7 月 11 日，嵊州市市场监管局依据上级交办的不合格线索对嵊州市某电器有限公司开展检查。经调查，当事人于 2023 年 5 月在其注册地生产并出厂不合格且未经强制性产品认证的家用燃气灶具 3 台，已全部出厂销售且无法追回，涉案货值金额 3 897 元，违法所得 1 222.18 元。

案例评析：当事人的上述行为违反了《产品质量法》第三十二条、《认证认可条例》第二十七条之规定，构成违反认证认可和强制性产品认证管理规定的违法行为，该局依法对当事人作出处罚。如需办理认证证书，要向经国家市场监督管理总局批准的合法认证机构申请，认证机构名录和联系方式可登录全国认证认可信息公共服务平台（http：//cx.cnca.cn/）查询。同时，对列入《强制性产品认证目录》的产品，例如电动自行车、家用燃气灶具、灭火器等产品，必须经过 CCC 认证，并标注 CCC 认证标志后，方可出厂、销售、进口或者在其他经营活动中使用。

市场监管部门提醒从业认证机构：要依法依规开展认证活动，严格按照标准、规则要求开展认证申请评审、审核方案策划、现场审核、证书管理、监督审核等业务，确保认证过程合规、结果有效，进一步强化行业自律，不断提高认证行业公信力。市场监管系统将持续加强认证行为监管，切实营造认证市场良好发展环境。

（案例来源：绍兴市市场监督管理局）

本章小结

本单元简要介绍《产品质量法》和《认证认可条例》等法律法规的主要内容，重点从监督与管理、责任与义务、损害赔偿及处罚的角度展开解释《产品质量法》的相关内容，从认证机构设立、认证条件、认证认可主要内容来解释《认证认可条例》的相关内容。

目前，我国正处于由数量发展模式向质量效益发展的过渡阶段，供应体系整体质量水平不高，政府履行其职责是多样化和复杂的，产品质量监督和认证认可已逐渐成为政府履行职责的重要助手。

小 测

一、单选题

1. 下列哪项产品质量不属于《产品质量法》的适用范围？（   ）
   A. 自行车　　　　　　　　　　　B. 血液
   C. 食用调和油　　　　　　　　　D. 手机

2. 《产品质量法》规定产品质量责任包括（   ）。
   A. 企业赔偿责任、商家赔偿责任
   B. 民事责任、行政责任、刑事责任
   C. 一切责任
   D. 法律责任

3. 下列哪项不属于《产品质量法》监督管理的基本制度？（   ）
   A. 工业产品生产许可　　　　　　B. 企业质量体系认证
   C. 产品质量合格认证　　　　　　D. 产品损害赔偿

4. 某厂发运一批玻璃器皿，以印有"龙丰牌方便面"的纸箱包装，在运输过程中，由于装卸工未细拿轻放而损坏若干件，该损失应由下列哪个部门承担？（   ）
   A. 装卸工承担　　　　　　　　　B. 装卸工的雇主承担
   C. 运输部门承担　　　　　　　　D. 某厂承担

5. 一日，李女士在家中做饭时高压锅突然爆炸，李女士被炸飞的锅盖击中头部，抢救无效死亡。后据质量检测专家鉴定，高压锅发生爆炸的直接原因是设计不尽合理，使用

时造成排气孔堵塞而发生爆炸，本案中，可以以下列何种依据判定生产者承担责任？（　　）

    A. 产品存在的缺陷　　　　　　　　B. 产品买卖合同约定
    C. 产品默示担保条件　　　　　　　D. 产品明示担保条件

6. 要取得认证机构资质，下列内容不符合条件的是（　　）。

    A. 取得法人资格　　　　　　　　　B. 有固定的场所和必要的设施
    C. 有符合认证认可要求的管理制度　D. 注册资本不得少于人民币200万元

7. （　　）不属于认可机构应当公开的信息。

    A. 认可条件　　　　　　　　　　　B. 认可申请
    C. 认可程序　　　　　　　　　　　D. 收费标准

8. 认可证书不包括（　　）。

    A. 认可机构　　　　　　　　　　　B. 认可范围
    C. 认可标准　　　　　　　　　　　D. 有效期限

9. 从事评审、审核认证活动的人员，应当经（　　）注册后，方可从事相应的认证活动。

    A. 认可机构　　　　　　　　　　　B. 监督部门
    C. 检查机构　　　　　　　　　　　D. 财政机构

10. 认证机构不得与（　　）存在利益关系。

    A. 检查机构　　　　　　　　　　　B. 财政机构
    C. 实验室　　　　　　　　　　　　D. 行政机关

二、简答题

1. 产品或者其包装上的标识，应当具有哪些内容？
2. 《产品质量法》规定的生产者不承担损害赔偿责任的情形有哪些？
3. 我国认证认可工作遵循哪些工作原则？

第四章　标准化部门规章

学习目标

1. 了解并理解我国国家标准、行业标准、地方标准、团体标准、企业标准五级标准管理办法的基本规定和主要内容。

2. 了解我国国家标准、行业标准、地方标准立项、制定、批准、发布、复审管理的有关规定的主要内容，并能在具体标准立项、制定中初步应用。

3. 了解我国对团体标准和企业标准的制定、标准的实施和应用、标准的声明有关规定的主要内容，并能在团体和企业标准化工作中初步应用。

4. 了解我国不同层次的标准化管理机构对专业技术委员会的管理职责及管理监督等规定。

5. 了解我国专业技术委员会的工作职责和工作任务。

6. 掌握我国专业技术委员会组建的原则、条件，组建程序、工作程序等规定。

7. 了解并掌握我国采用国际标准的原则规定的主要内容。

8. 了解和理解我国在标准化工作中对采用国际标准程度和编写方法的规定。

本章导读

我国标准化工作涉及具体的项目很多，仅仅从法律和法规层面约束是不够的，还需从规章这一层面来具体地规范。

限于篇幅，本章探讨常用的标准化部门规章，涉及各级标准的管理办法、专业标准化技术委员会管理规定、采用国际标准管理规定等。其他内容在本章中就不一一介绍，留待有兴趣的同学自行研究和学习。

学习主题

- 标准化部门规章
  - 国家标准管理
    - 规章背景
    - 国家标准的范围
    - 国家标准制定的目标及原则
    - 国家标准组织管理
    - 国家标准的制定
    - 国家标准的实施与监督
  - 行业标准管理
    - 规章背景
    - 行业标准的范围及对象
    - 行业标准管理
    - 行业标准的制定要求
    - 行业标准的实施和复审
    - 行业标准监督
  - 地方标准管理
    - 规章背景
    - 地方标准的制定范围和性质
    - 地方标准的制定原则
    - 地方标准的管理体制
    - 地方标准的制定
    - 地方标准的法律责任
  - 团体标准管理
    - 规章背景
    - 团体标准的管理
    - 团体标准的制定
    - 团体标准的实施和监督
  - 企业标准化管理
    - 规章背景
    - 企业标准化工作的原则及基本任务
    - 企业标准的制定
    - 企业标准化促进措施
    - 企业标准监督检查
  - 全国专业标准化技术委员会管理
    - 规章背景
    - 标准化管理机构
    - 技术委员会的组成及职责
    - 技术委员会的组建
    - 技术委员会的工作程序
    - 技术委员会的考核评估
  - 采用国际标准管理
    - 规章背景
    - 内涵定义
    - 采用国际标准的管理职责
    - 采用国际标准的原则和要求
    - 采用国际标准的程序
    - 实施应用

第四章 标准化部门规章

第一节 国家标准管理

国家标准管理主要依据《准化法》及《国家标准管理办法》，由国家标准化管理委员会（SAC）统筹实施。

一、规章背景

《国家标准管理办法》是《标准化法》具体指导国家标准制修订工作的配套规章，是标准化法律法规体系的重要组成部分，对贯彻实施标准化法，规范国家标准的管理，促进国家经济和社会的发展发挥了重要作用。于1990年发布的《国家标准管理办法》在2022年进行了修订，自2023年3月1日起施行。

《国家标准管理办法》共四章四十六条。第一章总则（共十七条），确立了国家标准的范围、分类，明确了标准制定目标，规定了国家标准制定的总体原则和要求以及组织管理等要求。第二章国家标准的制定（共十七条），规定了国家标准制定程序的阶段，以及各程序阶段的工作主体、工作内容及要求。第三章国家标准的实施和监督（共十条），规定了国家标准的实施、监督和复审的要求。第四章附则（共两条），明确了强制性国家标准特殊管理规定和《国家标准管理办法》的实施日期。

二、国家标准的范围

对农业、工业、服务业以及社会事业等领域需要在全国范围内统一的技术要求，可以制定国家标准（含国家标准样品），包括下列内容：

①通用的技术术语、符号、分类、代号（含代码）、文件格式、制图方法等通用技术语言要求和互换配合要求；
②资源、能源、环境的通用技术要求；
③通用基础件，基础原材料、重要产品和系统的技术要求；
④通用的试验、检验方法；
⑤社会管理、服务，以及生产和流通的管理等通用技术要求；
⑥工程建设的勘察、规划、设计、施工及验收的通用技术要求；
⑦对各有关行业起引领作用的技术要求；
⑧国家需要规范的其他技术要求。

对保障人身健康和生命财产安全、国家安全、生态环境安全以及满足经济社会管理基本需要的技术要求，应当制定强制性国家标准，其他的制定为推荐性国家标准。

三、国家标准制定的目标及原则

制定国家标准应当有利于便利经贸往来，支撑产业发展，促进科技进步，规范社会治理，实施国家战略。国家标准制定是系统工程，涉及科学技术性、经济性及协调性，应在国家政策法规允许的框架内，考虑国情制定，遵循以下原则：

①在科学技术研究和社会实践经验的基础上，通过调查、论证、验证等方式，保证国家标准的科学性、规范性、适用性、时效性，提高国家标准质量；

②公开、透明，广泛征求各方意见；

③做到有关标准之间的协调配套；

④结合国情采用国际标准；

⑤鼓励科技成果转化为国家标准；

⑥对具有先进性、引领性，实施效果良好，需要在全国范围推广实施的团体标准，可以按程序制定为国家标准；

⑦对技术尚在发展中，需要引导其发展或具有标准化价值，暂时不能制定为国家标准的项目，可以制定为国家标准化指导性技术文件。

视频：国家标准组织管理

四、国家标准组织管理

（一）国务院标准化行政主管部门

统一管理国家标准制定工作，负责强制性国家标准的立项、编号、对外通报和依据授权批准发布；负责推荐性国家标准的立项、组织起草、征求意见、技术审查、编号和批准发布。中华人民共和国国家标准化管理委员会（SAC）是国务院授权履行行政管理职能、统一管理全国标准化工作的主管机构，隶属于国家市场监督管理总局。

（二）国务院有关行政主管部门

依据职责负责强制性国家标准的项目提出、组织起草、征求意见、技术审查和组织实施。

（三）行业协会

受国务院标准化行政主管部门委托，对技术委员会开展推荐性国家标准申请立项、国家标准报批等工作进行指导。

（四）全国专业标准化技术委员会

受国务院标准化行政主管部门委托，负责开展推荐性国家标准的起草、征求意见、技术审查、复审工作，承担归口推荐性国家标准的解释工作；受国务院有关行政主管部门委托，承担强制性国家标准的起草、技术审查工作；负责国家标准外文版的组织翻译和审查、实施情况评估和研究分析工作。

（五）县级以上人民政府标准化行政主管部门和有关行政主管部门

依据法定职责，对国家标准的实施进行监督检查。

（六）国务院标准化协调机制

对于跨部门跨领域、存在重大争议的国家标准的制定和实施，由国务院标准化行政主管部门组织协商，协商不成的报请国务院标准化协调机制解决。

五、国家标准的制定

（一）推荐性国家标准的制定程序

强制性国家标准的制定程序在本书第二章第二节已详细阐述，根据《国家标准管理办法》《采用快速程序制定国家标准的管理规定》，我国推荐性国家标准制定程序分为常规程序和快速程序。其中，常规程序包括九个阶段：预研阶段、立项阶段、起草阶段、征求意见阶段、审查阶段、批准阶段、出版阶段、复审阶段和废止阶段（见图4-1）。快速程序在常规程序的基础上，省略起草阶段（B程序），或者同时省略起草阶段和征求意见阶段（C程序）。

项目提案	项目建议书	工作组讨论稿	征求意见稿	送审稿	报批稿	标准文本	确定/修订/废止
PWI	NP	WD	CD	DS	FDS	GB	
预研阶段	立项阶段	起草阶段	征求意见阶段	审查阶段	批准阶段	出版阶段	复审阶段　废止阶段
00	10	20	30	40	50	60	90　　95

技术委员会（TC）　　　　　国标委、审评中心、出版社

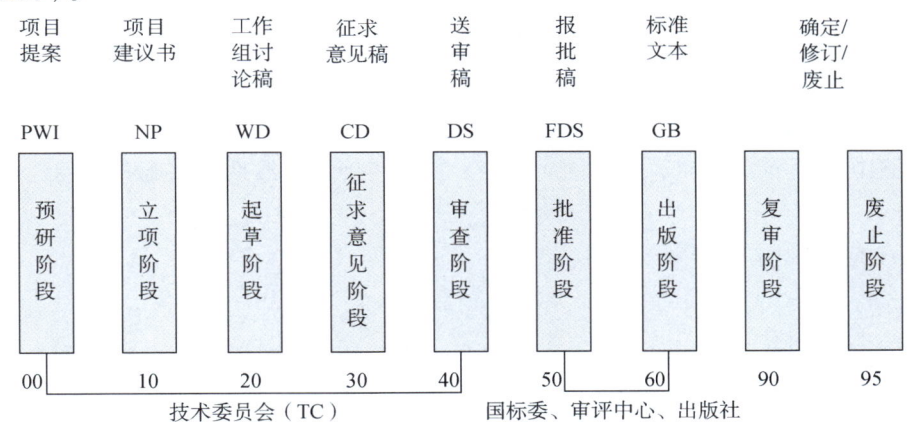

图4-1　推荐性国家标准常规制定程序

1. 预研阶段

预研阶段为技术委员会对提案方提交的项目建议进行评估的过程。在预研阶段，技术委员会要对项目建议的必要性、可行性进行评估、投票。对于投票通过的项目建议，向国务院标准化行政主管部门报送基于该项目建议完成的标准项目提案。

2. 立项阶段

立项阶段为国务院标准化行政主管部门对技术委员会报送的项目提案进行审批的过程。国务院标准化行政主管部门组织专家对项目提案进行评审。基于评审意见，对于批准的项目提案，下达标准制修订项目计划。

3. 起草阶段

起草阶段为成立工作组，起草完成工作组讨论稿的过程。在此阶段，工作组按照项目

计划的安排开展起草工作，包括对标准制定的目的进行确认，与国际相关标准进行比对，对相关事宜进行调查分析，完成技术指标的试验和验证工作，编写工作组讨论稿。工作组对工作组讨论稿达成一致意见后，报送至技术委员会。技术委员会接收工作组讨论稿，登记为征求意见稿。

应按 GB/T 1《标准化工作导则》的要求起草国家标准征求意见稿，同时编写编制说明及有关附件。编制说明一般包括下列内容：

①工作简况，包括任务来源、制定背景、起草过程等；

②国家标准编制原则、主要内容及其确定依据，修订国家标准时，还包括修订前后技术内容的对比；

③试验验证的分析、综述报告，技术经济论证，预期的经济效益、社会效益和生态效益；

④与国际、国外同类标准技术内容的对比情况，或者与测试的国外样品、样机的有关数据对比情况；

⑤以国际标准为基础的起草情况，以及是否合规引用或者采用国际国外标准，并说明未采用国际标准的原因；

⑥与有关法律、行政法规及相关标准的关系；

⑦重大分歧意见的处理经过和依据；

⑧涉及专利的有关说明；

⑨实施国家标准的要求，以及组织措施、技术措施、过渡期和实施日期的建议等措施建议；

⑩其他应当说明的事项。

4. 征求意见阶段

征求意见阶段为技术委员会对征求意见稿征求意见的过程。国家标准征求意见稿和编制说明应当通过有关门户网站、全国标准信息公共服务平台等渠道向社会公开征求意见，同时向涉及的其他国务院有关行政主管部门、企业事业单位、社会组织、消费者组织和科研机构等相关方征求意见。

国家标准公开征求意见期限一般不少于六十日。征求意见结束后，工作组汇总并处理收到的反馈意见，根据处理意见对标准草案进行修改完善，形成送审稿，提请技术委员会组织技术审查。如果反馈意见分歧较大，工作组可修改征求意见稿后，提请技术委员会做二次征求意见。

5. 审查阶段

（1）标准审查

技术委员会应当采用会议形式对国家标准送审稿开展技术审查，重点审查技术要求的科学性、合理性、适用性、规范性。审查会议的组织和表决按照《全国专业标准化技术委员会管理办法》有关规定执行。

未成立技术委员会的，应当成立审查专家组采用会议形式开展技术审查。审查专家组成员应当具有代表性，由生产者、经营者、使用者、消费者、公共利益方等相关方组成，人数不得少于十五人。审查专家应当熟悉本领域技术和标准情况。技术审查应当协商一致，如需表决，四分之三以上同意为通过。起草人员不得承担技术审查工作。

审查会议应当形成会议纪要，并经与会全体专家签字。会议纪要应当真实反映审查情况，包括会议时间地点、会议议程、专家名单、具体的审查意见、审查结论等。

技术审查不通过的，应当根据审查意见修改后再次提交技术审查。无法协调一致的，可以提出计划项目终止申请。

（2）形成报批稿

技术委员会应当根据审查意见形成国家标准报批稿、编制说明和意见处理表，经国务院有关行政主管部门或者行业协会审核后，报国务院标准化行政主管部门批准发布或者依据国务院授权批准发布。

未成立技术委员会的，国务院有关行政主管部门应当根据审查意见形成国家标准报批稿、编制说明和意见处理表，报国务院标准化行政主管部门批准发布或者依据国务院授权批准发布。

报批材料包括：
①报送公文；
②国家标准报批稿；
③编制说明；
④征求意见汇总处理表；
⑤审查会议纪要；
⑥需要报送的其他材料。

6. 批准阶段

批准阶段为国务院标准化行政主管部门对报批稿及相关工作文件进行审核和批准的过程。国务院标准化行政主管部门委托国家标准专业审评机构对国家标准的报批材料进行审核。国家标准专业审评机构应当审核下列内容：
①标准制定程序、报批材料、标准编写质量是否符合相关要求；
②标准技术内容的科学性、合理性，标准之间的协调性，重大分歧意见处理情况；
③是否符合有关法律、行政法规、产业政策、公平竞争的规定。

经审核报批稿及相关工作文件满足标准制定的相关要求的，由国务院标准化行政主管部门批准报批稿成为标准，给予标准编号后纳入标准批准发布公告。

7. 出版阶段

出版阶段为标准出版单位出版标准的过程。出版标准的文本形式可以是纸文本，也可以是电子文本。国家标准由国务院标准化行政主管部门委托出版机构出版。国务院标准化行政主管部门按照有关规定在全国标准信息公共服务平台公开国家标准文本，供公众查阅。

8. 复审阶段

复审阶段为技术委员会对标准的适用性进行评估，并作出复审结论的过程。在复审阶段，技术委员会通过评估作出下列复审结论：

①修改标准；

②修订标准；

③标准继续有效；

④废止标准，并形成复审报告报送国务院标准化行政主管部门。

国务院标准化行政主管部门审查复审报告，根据技术委员会的复审结论作出相应决定。

9. 废止阶段

废止阶段是对复审阶段决定废止的标准予以公告废止的过程。国务院标准化行政主管部门发布废止公告，标志着标准被废止。

（二）国家标准代号、编号

国家标准的代号由大写汉语拼音字母构成。强制性国家标准的代号为"GB"，推荐性国家标准的代号为"GB/T"，国家标准样品的代号为"GSB"。指导性技术文件的代号为"GB/Z"。

国家标准的编号由国家标准的代号、国家标准发布的顺序号和国家标准发布的年份号构成（见图4-2）。例如：GB 5749—2006《生活饮用水卫生标准》、GB/T 10159—2015《钢琴》。国家标准样品的编号由国家标准样品的代号、分类目录号、发布顺序号、复制批次号和发布年份号构成，示例：GSB××—××××—F××—××××。

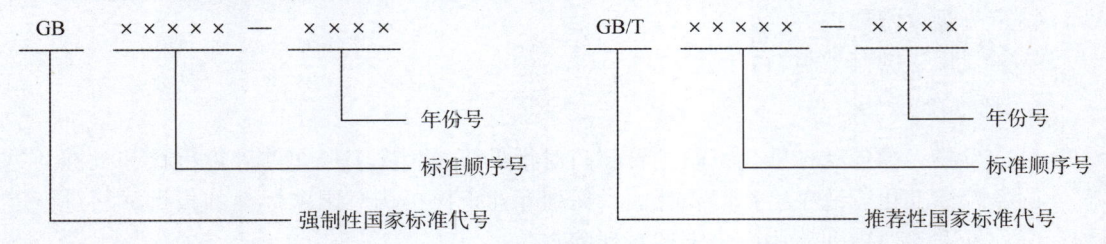

图4-2 国家标准编号样式

（三）标准制定周期

为提升标准的适用性，严格要求标准制定周期，《办法》规定，强制性国家标准从计划下达到报送报批材料的期限一般不得超过二十四个月。推荐性国家标准从计划下达到报送报批材料的期限一般不得超过十八个月。

在规定期限内无法报批的国家标准计划应当申请延期，强制性国家标准的延长时限十二个月，推荐性国家标准六个月；无法继续执行的，国务院标准化行政主管部门可以终止国家标准计划。为应对突发紧急事件，明确标准制定过程中可以缩短时限要求。相比以前，制定周期缩短，质量提升，标准将实实在在地发挥其作为"国家基础性制度的重要方面"的作用。

视频：国家标准的实施案例

六、国家标准的实施与监督

（一）新旧标准的代替转换

国家标准的发布与实施之间应当留出合理的过渡期。国家标准发布后实施前，企业可以选择执行原国家标准或者新国家标准。新国家标准实施后，原国家标准同时废止。

【标准案例】

2024 年 1 月 1 日施行《企业知识产权管理体系要求》
国家标准｜新版标准转换过渡期为 2 年

国家标准《企业知识产权合规管理体系要求》（GB/T 29490—2023）已发布，将于 2024 年 1 月 1 日起实施并替代《企业知识产权管理规范》（GB/T 29490—2013）。

一、新版标准转换过渡期为 2 年，自 2024 年 1 月 1 日起至 2025 年 12 月 31 日止。

二、过渡期内，对已持有旧版标准认证证书的组织，具备该领域批准资格的认证机构根据其申请，可按照新版标准结合年度监督或再认证审核实施换版审核，也可单独实施换版审核。对符合新版标准要求的，换发新版标准认证证书。其中，通过年度监督和单独换版审核的新证书有效期与原证书有效期一致，通过再认证审核的证书有效期为 3 年。

三、2024 年 1 月 1 日至 2024 年 12 月 31 日，可按照旧版标准受理认证申请并实施认证。自 2025 年 1 月 1 日起，所有认证申请应当按照新版标准受理并实施认证。2025 年 12 月 31 日后，对仍未完成换发新版标准的认证证书，认证机构应当及时作出暂停或撤销处理。

（二）国家标准的实施

强制性国家标准必须执行。不符合强制性国家标准的产品、服务，不得生产、销售、进口或者提供。

推荐性国家标准鼓励采用。在基础设施建设、基本公共服务、社会治理、政府采购等活动中，鼓励实施推荐性国家标准。

（三）国家标准宣贯和解释

各级标准化行政主管部门、有关行政主管部门、行业协会和技术委员会应当组织国家标准的宣贯和推广工作。国家标准由国务院标准化行政主管部门解释，国家标准的解释与标准文本具有同等效力。

解释发布后，国务院标准化行政主管部门应当自发布之日起二十日内在全国标准信息公共服务平台上公开解释文本。对国家标准实施过程中有关具体技术问题的咨询，国务院标准化行政主管部门可以委托国务院有关行政主管部门、行业协会或者技术委员会答复，相关答复应当按照国家信息公开的有关规定进行公开。

（四）实施效果评估

国务院标准化行政主管部门建立国家标准实施信息反馈机制，畅通信息反馈渠道。鼓励个人和单位通过全国标准信息公共服务平台反馈国家标准在实施中产生的问题和修改建议。各级标准化行政主管部门、有关行政主管部门、行业协会和技术委员会应当在日常工作中收集相关国家标准实施信息。国务院标准化行政主管部门、国务院有关行政主管部门、行业协会、技术委员会应当及时对反馈的国家标准实施信息进行分析处理。

国务院标准化行政主管部门建立国家标准实施效果评估机制。国务院标准化行政主管部门根据国家标准实施情况，定期组织开展重点领域国家标准实施效果评估。国家标准实施效果评估应当包含标准的实施范围，标准实施产生的经济效益、社会效益和生态效益，以及标准实施过程中发现的问题和修改建议。

（五）标准的复审

国务院有关行政主管部门、有关行业协会或者技术委员会应当根据实施信息反馈、实施效果评估情况，以及经济社会和科学技术发展的需要，开展国家标准复审，提出继续有效、修订或者废止的复审结论，报国务院标准化行政主管部门。复审周期一般不超过五年。

国家标准发布后，个别技术要求需要调整、补充或者删减，可以通过修改单进行修改。修改单由国务院有关行政主管部门、有关行业协会或者技术委员会提出，国务院标准化行政主管部门按程序批准后以公告形式发布。国家标准的修改单与标准文本具有同等效力。

动手探究

事关电动自行车！强制性国家标准2025年9月1日实施

为贯彻落实国务院电动自行车安全隐患全链条整治行动部署，提升电动自行车产品本质安全水平，工业和信息化部、市场监管总局会同公安部、应急管理部、国家消防救援局组织修订的强制性国家标准《电动自行车安全技术规范》（GB 17761—2024，以下简称《技术规范》），已于2024年12月31日正式发布，将于2025年9月1日实施，旧版标准（GB 17761—2018）将被替代。

发布的新标准主要从以下几方面进行了修改和完善：

一、强化了非金属材料防火阻燃要求，针对弹性软垫材料、纺织品、皮革、电气回路导线等不同类别非金属部件分别规定了防火阻燃指标。

二、明确了电动自行车使用塑料的总质量不应超过整车质量的5.5%。

三、增加了电动机低速运行转矩、空载反电动势、电感值差异系数的要求。

四、完善了电池组、控制器、限速器的防篡改要求，增加了6类防篡改检查方法示例。

五、提升了制动性能要求，减小了车辆最大制动距离。

六、将使用铅酸蓄电池的电动自行车整车质量上限由55kg提升到63 kg。

七、新增了企业质量保证能力和产品一致性要求，明确了生产企业应具有与电动自行车整车产能相匹配的整车及车架等主要零部件的生产能力、检测能力和质量控制能力。

八、要求电动自行车具备北斗定位、通信与动态安全监测功能，其中对于除城市物流、商业租赁等经营性用途之外的电动自行车，在销售时可由消费者选择是否保留北斗定位模块。

九、不再强制要求所有车型均安装脚踏骑行装置，改为由生产企业根据车型的实际需要设计和安装。

十、明确了电动自行车鼓励安装后视镜。

十一、要求生产企业明确电动自行车的建议使用年限，并在铭牌、产品合格证上进行标注。

考虑电动自行车企业开展产品设计生产并完成检测和认证需要一定的时间周期，故新标准设置了8个月的生产过渡期：在2025年8月31日及之前，企业既可以按照旧标准生产，也可以按照新标准生产；2025年9月1日以后，所有新生产的电动自行车都必须符合新标准要求。同时，为便于符合旧标准的电动自行车充分消化，避免社会资源浪费，新标准额外给予2025年8月31日及之前按照旧标准生产的车辆3个月的销售过渡期，允许销售至2025年11月30日；2025年12月1日之后，所有销售的电动自行车产品均必须符合新标准规定。需要特别强调的是，消费者已经购买的不符合新标准的车辆不会被强制淘汰，可由各地政府根据当地实际情况，借助以旧换新等政策加速更新换代。

作为消费者，购买电动自行车你首先会考虑什么？价格、款式、电池续航，还是行驶速度？可以带着以上问题查询新旧标准技术要求的具体变化。

第二节　行业标准管理

现行的《行业标准管理办法》于2023年11月28日国家市场监督管理总局令第86号公布，自2024年6月1日起施行。

《行业标准管理办法》对行业标准目的意义、定位、范围及对象、管理机构、制定要求以及行业标准实施复审、监督管理作出了规定。

一、规章背景

（一）落实标准化改革创新要求

随着2017年《标准化法》的修订实施，行业标准作为国家标准体系的重要组成部分，其定位和管理要求得到进一步明确。《行业标准管理办法》的制定旨在落实《标准化法》关于"行业标准由国务院有关行政主管部门制定"的规定，同时响应国务院《深化标准化工作改革方案》（2015年）提出的"整合精简强制性标准、优化完善推荐性标准"的改革要求，推动行业标准管理从粗放式向精细化转变。

（二）解决行业标准面临的问题挑战

目前行业标准管理中面临着不少问题，一方面，随着各行业快速发展，新技术、新业态不断涌现，原有行业标准体系在协调性、时效性等方面已难以满足发展需求；另一方面，行业标准存在交叉重复、老化滞后等问题，亟须通过制度规范加以解决。2018年以来中央深化推进国家机构改革和职能优化配置，部门职责发生了调整，行业标准范围也需要作相应的调整，《行业标准管理办法》的提出对促进行业高质量发展具有重要意义。

（三）与国际接轨

从国际视野看，《行业标准管理办法》的制定也体现了我国标准化工作与国际接轨的趋势。通过借鉴发达国家行业标准管理经验，我国建立了更加开放、透明的行业标准管理制度。同时，《行业标准管理办法》为行业标准参与国际标准制定、推动中国标准"走出去"提供了制度保障，是构建新型标准体系、提升我国标准国际影响力的重要举措。

二、行业标准的范围及对象

行业标准是国务院有关行政主管部门依据其行政管理职责，对没有推荐性国家标准而又需要在全国某个行业范围内统一的技术要求所制定的标准。行业标准重点围绕本行业领域重要产品、工程技术、服务和行业管理等需求制定。

有下列情形之一的，不应当制定行业标准：
①已有推荐性国家标准的；
②一般性产品和服务的技术要求；
③跨部门、跨行业的技术要求；
④用于约束行政主管部门系统内部的工作要求、管理规范等。

这里需要说明的是"一般性产品和服务"在国务院《深化标准化工作改革方案》中提出，属于改革方案中提出的政府主导制定标准存在的主要问题之一，一般性产品和服务标准应由经营主体遵循市场规律制定。"一般性"和"重要性"是相对的概念，重要产品和服务应该是保证人民生活基本需要和社会生产安全稳定发展的必需，除此之外的可视为一般性产品和服务。同时，随着社会环境变化，"一般性产品和服务"的范围也会随之调整，各有关部门可根据本部门实际需求和行业发展现状确定行业标准的制定范围。

视频：行业标准组织管理

三、行业标准管理

（一）国务院标准化行政主管部门

统一指导、协调、监督行业标准的制定及相关管理工作。建立全国标准信息公共服务平台，支撑行业标准备案、信息公开等工作。

（二）国务院有关行政主管部门

统一管理本部门职责范围内的行业标准，负责行业标准制定、实施、复审、监督等管理工作，依法将批准发布的行业标准报国务院标准化行政主管部门备案。

（三）国务院标准化协调机制

在行业标准制定、实施过程中存在争议的，由国务院标准化行政主管部门组织协商；协商不成的报请国务院标准化协调机制解决。

四、行业标准的制定要求

（一）制定行业标准的程序

制定行业标准的程序一般包括立项、组织起草、征求意见、技术审查、编号、批准发布、备案。各环节须注意的事项如下：

1. 立项

行业标准立项前，国务院有关行政主管部门应当组织核查，已有推荐性国家标准或者相关标准立项计划的应当不予立项。

2. 组织起草

起草行业标准应当与已有的国家标准、行业标准协调，避免交叉、重复和矛盾。

3. 征求意见

行业标准征求意见稿应当向社会公开征求意见，期限一般不少于三十日。

4. 技术审查

国务院有关行政主管部门应当委托标准化技术委员会或者成立审查专家组对行业标准送审稿开展技术审查，重点审查技术要求的科学性、合理性、适用性、规范性。

标准化技术委员会和专家组应当具有专业性、独立性和广泛代表性。标准起草人员不得承担同一标准的技术审查工作。

已有全国专业标准化技术委员会能够满足行业需求的，不再新增专业领域的行业标准化技术委员会。

5. 编号

行业标准的编号由行业标准的代号加"/T"、行业标准发布的顺序号和行业标准发布的年份号构成（见图4-3）。"/T"表示推荐性标准，顺序号为自然数。

行业标准的代号由国务院标准化行政主管部门规定。如农业的代号为"NY"，水产的代号为"SC"等。未经批准公布的行业标准代号不得使用。

```
NY/T   ×××××—××××
               │      │
               │      └── 年份号
               │   └── 顺序号
               └── 行业标准的代号
```

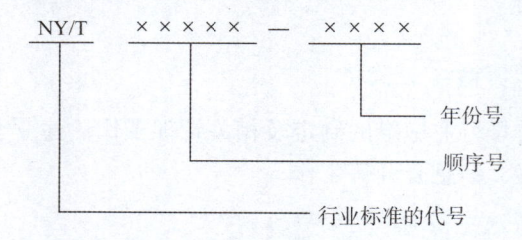

图4-3 行业标准编号样式

6. 批准发布

行业标准由国务院有关行政主管部门批准发布,行业标准的发布实行公告制度。行业标准发布后,国务院有关行政主管部门可以委托具有相关出版资质的单位完成标准文本出版工作。

7. 备案

国务院有关行政主管部门应当自行业标准批准发布之日起六十日内,且在该标准实施日期前,通过全国标准信息公共服务平台等方式向国务院标准化行政主管部门提交备案材料。备案材料应当包括行业标准发布公告和批准发布的标准正式文本。同时发布标准外文版的,备案材料还应当包括行业标准外文版发布公告和批准发布的外文版正式文本。

(二)标准公开

国务院有关行政主管部门依法推动行业标准公开。鼓励通过全国标准信息公共服务平台公开行业标准文本,供公众查阅。

鼓励行业标准制定部门建立涵盖立项、起草、征求意见、审查、批准发布等环节的信息平台,强化标准制定信息公开和社会监督。

(三)禁止行为

禁止在行业标准中规定资质资格、许可认证、审批登记、评比达标、监管主体和职责等事项。禁止利用行业标准实施妨碍商品、服务自由流通等排除、限制市场竞争的行为。

(四)涉及专利或采标

行业标准一般不涉及专利。涉及的专利应当是实施该标准必不可少的专利,其管理参照国家标准涉及专利的有关管理规定执行。

行业标准确需采用国际标准的,应当符合有关国际组织的版权政策,获得国际标准组织中国成员体同意。以国外标准为基础起草行业标准的,应当符合国外标准发布机构的版权政策。

视频:行业标准实施案例

五、行业标准的实施和复审

（一）行业标准实施效力

行业标准的发布与实施之间应当留出合理的过渡期。行业标准发布后实施前，可以选择执行原行业标准或者新行业标准。新行业标准实施后，原行业标准同时废止。行业标准在相应的国家标准实施后，应当由国务院有关行政主管部门自行废止。

（二）行业标准宣贯与解释

国务院有关行政主管部门应当组织开展行业标准的宣贯工作，并结合本部门法定职责开展行业标准的推广实施。

国务院有关行政主管部门负责行业标准的解释。行业标准的解释与标准文本具有同等效力。解释发布后，国务院有关行政主管部门应当自发布之日起二十日内在部门门户网站或者部门标准化工作网站公开解释文本，并在全国标准信息公共服务平台公开。

（三）行业标准的复审

行业标准的复审周期一般不超过五年。有下列情形之一的，应当及时复审：
①法律、行政法规、部门规章或者国家有关规定发生重大变化的；
②相关国家标准、行业标准发生重大变化的；
③关键技术、适用条件发生重大变化的；
④其他需要及时复审的情形。

国务院有关行政主管部门应当公告复审结论。复审结论分为继续有效、修订、废止三种情形。复审结论为修订的，应当按照《行业标准管理办法》规定的行业标准制定程序执行。复审结论为废止的，应当在公告废止前公开征求意见。废止公告应当在全国标准信息公共服务平台公开。

国务院有关行政主管部门应当建立行业标准实施信息反馈和评估机制，根据反馈意见和评估情况对行业标准进行复审。

六、行业标准监督

通过强化行业标准事中事后监管，建立监督抽查、自我监督和社会监督工作机制，并明确各类违规行为的处理措施，确保《行业标准管理办法》各项规定有效实施。

①国务院有关行政主管部门应当定期对其发布的行业标准开展监督检查，及时纠正行业标准不符合强制性国家标准，与国家标准、其他行业标准重复交叉或者不协调配套，超范围制定以及编号编写不符合规定等问题。

②国务院标准化行政主管部门定期组织对行业标准开展监督抽查，通报结果。

③行业标准与国家标准、其他行业标准之间重复交叉或者不协调配套的，国务院标准化行政主管部门应当会同国务院有关行政主管部门，提出整合、修订或者废止行业标准的意见，并由国务院有关行政主管部门负责处理。国务院有关行政主管部门未处理的，由国务院标准化行政主管部门组织协商，协商不成的，报请国务院标准化协调机制解决。

④国务院标准化行政主管部门和国务院有关行政主管部门应当建立完善行业标准投诉举报处置制度，畅通投诉举报渠道，接受社会监督，及时处理投诉举报。

普法课堂

新版《农业农村标准化管理办法》将于 2024 年 7 月 1 日施行

2024 年 1 月 10 日，国家市场监督管理总局令第 87 号公布《农业农村标准化管理办法》，将于 2024 年 7 月 1 日起施行。

一、出台目的

原《农业标准化管理办法》对规范农业标准化工作、推进农业现代化发展发挥了重要作用。近年来，《标准化法》《国家标准化发展纲要》以及《中国共产党农村工作条例》《乡村振兴促进法》《农产品质量安全法》陆续出台，特别是党的二十大对实施乡村振兴战略和建设农业强国提出新要求，强调以新机制、新举措支撑"三农"工作，需要修订原《农业标准化管理办法》，以标准化推进农业全产业链延伸，促进农业农村融合发展，引领和支撑农业农村现代化进程。

二、主要变化

《农业农村标准化管理办法》修订主要包括以下五个方面：

一是将适用范围从单一的农业拓展到农业农村领域，对农业农村标准的定义和范围进行了界定。

二是明确规定农业标准制定需充分考虑农业生产全生命周期特点、产地环境和区域特色，广泛吸纳有关新型农业经营主体等利益相关方参与，保障标准的科学性、规范性、时效性。

三是对农业农村地方标准、团体标准提出限制性要求，规定农业农村领域国家标准化指导性技术文件的制定条件，调整了县级农业标准规范的法律地位。

四是突出标准实施手段的创新，鼓励运用信息化等多种手段加强标准宣贯，明确开展试点示范、搭建服务平台、融合运用质量基础设施、促进农业农村标准化服务业发展等具体要求。

五是明确国务院标准化行政主管部门职责，包括统筹农业农村标准化重大事项，协调标准制定、实施和监督等工作中的重大问题等。

三、与标准化部门规章关系

《国家标准管理办法》《行业标准管理办法》《地方标准管理办法》等部门规章是对国家标准、行业标准、地方标准的通用管理规章。《农业农村标准化管理办法》是在符合标准管理各项通用规章规定的基础上，对农业农村领域标准化的特别规定。

《农业农村标准化管理办法》侧重农业农村标准制定应遵循的特殊原则和标准的实施应用，主要包括农业农村标准的定义、范围、制定原则，关于强制性标准、推荐性标准、团体标准及标准国际化等的特殊要求，农业农村标准宣贯、实施、推广、试点示范、实施反馈、手段融合、标准化服务等方面规定，以及农业农村标准化工作的

> 主要任务、协调职责、监督检查和标准激励机制等，是落实乡村振兴战略和建设农业强国战略、促进农业农村现代化建设的重要抓手。

第三节　地方标准管理

现行的《地方标准管理办法》由2020年1月16日国家市场监督管理总局令第26号公布，2020年3月1日起施行。

《地方标准管理办法》对地方标准制定范围、制定原则、制定主体、制定程序和技术要求，以及地方标准实施、监督管理作出了规定。

一、规章背景

《地方标准管理办法》遵循《标准化法》以及国务院《深化标准化工作改革方案》对地方标准的要求，坚持地方标准的立意宗旨，秉承政府标准的基本属性，主要围绕地方标准制定工作和相关的监督管理工作，吸收多年来地方标准管理工作改革实践和制度建设的成果，紧贴国家标准化工作改革形势，紧贴地方标准管理和服务需求，紧贴贯彻和实施的可操作性和有效性，力求科学合理、切实可行。

二、地方标准的制定范围和性质

《标准化法》提出"为满足地方自然条件、风俗习惯等特殊技术要求，可以制定地方标准"。《地方标准管理办法》结合地方标准化工作实践，进一步明确"为满足地方自然条件、风俗习惯等特殊技术要求，省级标准化行政主管部门和经其批准的设区的市级标准化行政主管部门可以在农业、工业、服务业以及社会事业等领域制定地方标准"。地方标准为推荐性标准。

三、地方标准的制定原则

（一）制定原则

①制定地方标准应当遵循开放、透明、公平的原则，有利于科学合理利用资源，推广科学技术成果，做到技术上先进、经济上合理。

②地方标准的技术要求不得低于强制性国家标准的相关技术要求，并做到与有关标准之间的协调配套。

③禁止通过制定产品质量及其检验方法地方标准等方式，利用地方标准实施妨碍商品、服务自由流通等排除、限制市场竞争的行为。

（二）行政职责

地方标准由省、自治区、直辖市人民政府标准化行政主管部门报国务院标准化行政主管部门备案，由国务院标准化行政主管部门通报国务院有关行政主管部门。地方标准的制定包括地方标准的立项、组织起草、审查、编号、批准发布等工作。

四、地方标准的管理体制

（一）地方标准的制定主体

地方标准的制定主体包括省、自治区、直辖市人民政府标准化行政主管部门和设区的市级人民政府标准化行政主管部门。31个省、自治区、直辖市标准化行政主管部门均可以制定地方标准。

此外，设区的市人民政府标准化行政主管部门经省、自治区、直辖市人民政府标准化行政主管部门批准后也可制定地方标准。设区的市制定的标准亦属于地方标准范畴，不能与国家标准、行业标准和省级标准化主管部门制定的地方标准相互交叉、重复、矛盾。

（二）地方标准的备案管理

地方标准由省、自治区、直辖市人民政府标准化行政主管部门报国务院标准化行政主管部门备案。设区的市制定的地方标准须经省、自治区、直辖市人民政府标准化行政主管部门报国务院标准化行政主管部门备案。地方标准的备案信息由国务院标准化行政主管部门通报国务院有关行政主管部门。地方标准应当自发布之日起六十日内由省级标准化行政主管部门向国务院标准化行政主管部门备案。

备案材料应当包括发布公告及地方标准文本等。国务院标准化行政主管部门应当将其备案的地方标准通报国务院有关行政主管部门。地方标准如违反有关法律、法规和强制性标准规定，国务院标准化行政主管部门不予备案，并有权责成地方标准制定部门限期改正或停止实施。县级以上地方标准化行政主管部门和有关行政主管部门应当依据法定职责，对地方标准的实施进行监督检查。设区的市级以上地方标准化行政主管部门应当建立地方标准实施信息反馈和评估机制，并根据反馈和评估情况，对其制定的地方标准进行复审。地方标准复审周期一般不超过五年。

五、地方标准的制定

地方标准制定程序一般分为立项、起草草案、征求意见、审查、批准、复审和废止七个阶段。

视频：地方标准的制定和管理

（一）申请立项

标准化行政主管部门每年年初根据全省国民经济和社会发展重点工作提出申报地方标准项目的原则要求，下达给各省级有关行政主管部门、省级专业标准化技术委员会、市

（省直管县）级市场监督管理局及各相关单位（申报单位），公开征集地方标准计划。公民、法人或者其他组织均可以提出制定地方标准项目的建议。申报单位对收集的建议进行统一审查、协调后，向地方标准化行政主管部门报送制定地方标准的立项申请材料。

（二）论证

标准化行政主管部门根据需要邀请相关领域的专家和代表召开立项论证会，对立项申请的必要性、可行性等问题进行论证，并提出拟立项的地方标准计划。

（三）征求意见

通过立项的地方标准计划应在地方标准化行政主管部门网站上公示，广泛征求社会意见，公示时间不少于5个工作日。公示结束后，地方标准化行政主管部门结合收集的意见，综合分析、确定并下达地方标准计划。

（四）执行计划

标准计划执行过程中，可以进行下列调整：确属急需制定地方标准的重大项目，可以增补；确属不宜制定地方标准的项目，应予终止；确属特殊情况，可以对项目的内容进行调整。需调整地方标准项目的，应由起草单位提出调整申请，经申报单位审查同意，报省级市场监督管理局审批。当申请未被批准时，应按照原定计划进行工作。

（五）地方标准的代号、编号

地方标准的编号，由地方标准代号、顺序号和年代号三部分组成（见图4-4）。

```
DB32/T  ×××××—××××
              │    │
              │    └── 年代号
              └────── 顺序号
└────────────────── 地方标准代号
```

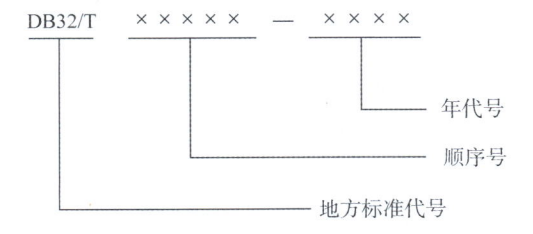

图4-4 地方标准编号样式

省级地方标准代号，由汉语拼音字母"DB"加上其行政区划代码前两位数字组成。市级地方标准代号，由汉语拼音字母"DB"加上其行政区划代码前四位数字组成。

【标准案例】

广东省代码为"44"，广东省突破性制定了地方标准《养老机构认知症老人照顾指南》（DB44/T 2232—2020），为广东省内养老机构认知症老人服务提供了规范指引。

六、地方标准的法律责任

《地方标准管理办法》明确了对地方标准的监督管理，明确地方标准有技术要求低于强制性国家标准的相关技术要求，未依法编号、复审和备案，利用地方标准实施排除、限制市场竞争行为，制定事项范围或者制定主体不符合规定等行为的法律责任。

第四节　团体标准管理

在我国经济高质量发展和市场竞争日趋激烈的背景下，团体标准作为市场驱动型标准化改革的关键载体，其战略地位愈发重要。越来越多的领军企业正通过主导或参与团体标准的制定，抢占行业话语权、提升核心竞争力，并以此驱动技术创新、引领产业升级。

2015 年国务院《深化标准化工作改革方案》首次确立团体标准的法律地位。2018 年《标准化法》修订，正式将团体标准纳入国家标准化体系。2019 年 1 月国家标准化管理委员会和民政部发布的《团体标准管理规定》（以下简称《规定》）细化管理要求，推动团体标准规范化发展，《规定》包括五章四十三条：总则、团体标准的制定、团体标准的实施、团体标准的监督、附则。

视频：《团体标准管理规定》解读

一、规章背景

团体标准是我国标准化改革创新的重要成果。作为市场自主制定标准的核心形式，团体标准的兴起既体现了政府简政放权的改革方向，也是我国标准化体系与国际接轨的重要实践。团体标准具有制定周期短（通常 3~6 个月）、市场响应快等特点，其标准技术要求往往高于国家标准或行业标准，有效填补了标准空白。《规定》出台后，团体标准正朝着更加规范化、国际化的方向发展，成为推动产业创新的重要支撑。

2022 年，国家标准化管理委员会等十七部门联合印发《关于促进团体标准规范优质发展的意见》，明确了国家对团体标准的大力支持与引导，并对行业企业参与团体标准工作给予更多政策支持。这标志着我国团体标准发展进入规范提质的新阶段，对健全新型标准体系、促进高质量发展具有重要意义。

二、团体标准的管理

（一）工作目的

通过培育和发展团体标准，建立政府主导制定的标准与市场自主制定的标准协同发展、协调配套的新型标准体系，健全统一协调、运行高效、政府与市场共治的标准化管理体制，形成政府引导、市场驱动、社会参与、协同推进的标准化工作格局。

（二）制定范围

社会团体可在没有国家标准、行业标准和地方标准的情况下，制定团体标准，快速响应创新和市场对标准的需求，填补现有标准空白。鼓励社会团体制定严于国家标准和行业标准的团体标准，引领产业和企业的发展，提升产品和服务的市场竞争力。

（三）管理体制

国务院办公厅印发的《深化标准化工作改革方案》指出，在标准管理上，对团体标准不设行政许可，由社会组织和产业技术联盟自主制定发布，通过市场竞争优胜劣汰。国务院标准化主管部门会同国务院有关部门制定团体标准发展指导意见和标准化良好行为规范，对团体标准进行必要的规范、引导和监督。

三、团体标准的制定

（一）制定原则

国家标准化管理委员会于2016年4月25日发布了国家标准《团体标准化 第1部分：良好行为指南》（GB/T 20004.1—2016），明确团体标准制定应当遵循开放、公平、透明、协商一致、促进贸易和交流等原则。根据《规定》第八条至第十三条的要求，制定团体标准应符合以下原则：

①应当遵循开放、透明、公平的原则，吸纳生产者、经营者、使用者、消费者、教育科研机构、检测及认证机构、政府部门等相关方代表参与，充分反映各方的共同需求。
②应符合相关法律法规的要求，不得与国家有关产业政策相抵触。
③团体标准的技术要求不得低于强制性标准的相关技术要求。
④禁止利用标准制定妨碍商品、服务流通自由及限制市场竞争。

（二）制定程序

依据《规定》第十四条和GB/T 20004.1—2016《团体标准化 第1部分：良好行为指南》相关要求，制定团体标准一般程序包括提案、立项、起草、征求意见、技术审查、批准、编号、发布、复审。为确保团体标准制定的规范性和科学性，各环节应遵循以下具体要求：

1. 提案

对新项目提案进行形式审查（例如，材料是否齐全、信息填写是否完整等），提案环节是可选的。如果团体标准制定程序中设置了提案环节，则宜明确对新项目提案开展形式审查的主体、审查的内容和工作要求等事项。

2. 立项

对新项目提案的必要性、可行性等进行审查，审查通过后形成团体标准制修订项目计划，团体标准制定程序宜设置立项环节，并宜明确对新项目提案的必要性和可行性等进行审查的主体、审查的具体细节内容和决策规则等事项。此外，团体宜在全体成员范围内通报团体标准制修订项目计划，以便成员发表意见；如必要，团体也可通过合适的渠道向社会公布团体标准制修订项目计划，以便有关各方有机会发表评议。

3. 起草

团体标准一经正式立项，应当确定主要起草人员，组成起草工作组进行起草准备工作，包括资料收集、国内外状况分析、必要的实验验证等。团体标准的编写应当符合国家标准的编写规则，同时编写"编制说明"。

起草环节的主要工作是对相关事宜进行调查分析、实验和验证等，完成团体标准技术内容的起草，形成团体标准草案讨论稿。团体标准制定程序宜设置起草环节，并对团体标准编制过程中技术内容如何形成等予以明确。

4. 征求意见

团体标准起草工作组完成标准草案后，应当向使用本标准的生产者、消费者、管理者、研究者等利益相关方征求意见。征求意见的形式为信函征求意见、网上公开征求意见或会议征求意见。征求意见材料应当包括团体标准草案和编制说明及有关附件。被征求意见的单位或个人应当在截止日期前回复意见，逾期不回复，按无异议处理。

对于比较重大的意见，应当说明论据或者提出技术经济论证意见。征求意见的期限一般为30日。起草工作组应当对征集的意见进行归纳整理、分析研究和处理后，对标准征求意见稿进行修改，并确定能否提交审查，必要时可以重新征求意见。

5. 技术审查

起草工作组提出团体标准送审稿、编制说明、征求意见汇总处理表及有关附件，提交会议审查或者进行函审。收到提交的材料后，社会团体应尽快组织专家开展标准审查会，如需表决，需四分之三及以上专家通过。起草人及其所在单位的专家不能参加表决。

团体标准的审查可以采用会议审查或者函审。会议审查或者函审没有通过的，起草工作组应当对送审稿进行相应的修改后，重新组织审查。

6. 批准

秘书处将收到的团体标准报批材料提交给社会团体的标准化决策机构。决策机构对团体标准报批材料进行形式审查和审批。不符合标准编写及标准审查的有关规定的，退回起草工作组进行修改。

7. 编号

通过审查批准的团体标准，发放标准编号。团体标准实行全国统一的编号规则（见图4-5），即由团体标准代号、社会团体代号、团体标准顺序号和年代号组成，格式为"T/社会团体代号 团体标准顺序号—年代号"。社会团体代号应避免重复。

图4-5 团体标准编号样式

8. 发布

社会团体应在全国团体标准信息平台上公布其团体标准的名称、编号等信息。团体标准涉及专利的，还应当公开标准涉及专利的信息。鼓励社会团体公开其团体标准的全文或主要技术内容。为了更好地维护团体标准版权，社会团体还可以将团体标准提交出版社进行正式出版发行。

9. 复审

应根据产业、市场、贸易需求，对已发布的团体标准的适用性进行评估，并给出复审结论。团体标准制定程序宜设置复审环节，并宜明确复审条件和要求、投票表决规则等事项，从而形成完善的生命周期管理。

（三）自我声明与公开

标准化行政主管部门、有关行政主管部门建立团体标准投诉和举报机制，营造团体标准发展的良好政策环境，对团体标准的制定进行规范、引导和监督，促进团体标准化工作健康有序发展。

动手探究

> 国家鼓励社会团体通过全国团体标准信息公共服务平台（http://www.ttbz.org.cn/）或团体标准制修订公共服务平台（http://www.ttstd.cn）自我声明公开其团体标准信息。公开的标准信息包括团体标准的名称、编号等信息。团体标准涉及专利的，还应当公开标准涉及专利的信息。鼓励社会团体公开其团体标准的全文或主要技术内容。

四、团体标准的实施和监督

团体标准的实施与监督是确保标准有效落地、发挥实际作用的关键环节，主要包括以下方面：

①标准由本团体成员约定采用或者按照本团体的规定供社会自愿采用。团体自行负责其团体标准的推广与应用。社会团体可以通过自律公约的方式推动团体标准的实施。

②团体自愿向第三方机构申请开展团体标准化良好行为评价。

团体标准化良好行为评价应当按照团体标准化系列国家标准（GB/T 20004）开展，并向社会公开评价结果。

③标准实施效果良好，且符合国家标准、行业标准或地方标准制定要求的，团体标准发布机构可以申请转化为国家标准、行业标准或地方标准。鼓励各部门、各地方将团体标准纳入各级奖项评选范围。

④各部门、各地方在产业政策制定、行政管理、政府采购、社会管理、检验检测、认证认可、招投标等工作中应用团体标准。

⑤社会团体登记管理机关责令限期停止活动的社会团体，在停止活动期间不得开展团体标准化活动。

⑥县级以上人民政府标准化行政主管部门、有关行政主管部门依据法定职责，对团体标准的制定进行指导和监督，对团体标准的实施进行监督检查。

⑦对于已有相关社会团体制定了团体标准的行业，国务院有关行政主管部门结合本行业特点，制定相关管理措施，明确本行业团体标准发展方向、制定主体能力、推广应用、实施监督等要求，加强对团体标准制定和实施的指导和监督。

⑧任何单位或者个人有权对不符合法律法规、强制性标准、国家有关产业政策要求的团体标准进行投诉和举报。标准化行政主管部门、有关行政主管部门应当向社会公开受理举报、投诉的电话、信箱或者电子邮件地址，并安排人员受理举报、投诉。

⑨社会团体应主动回应影响较大的团体标准相关社会质疑，对于发现确实存在问题的，要及时进行改正。

⑩社会团体制定的团体标准不符合强制性标准规定的，由标准化行政主管部门责令限期改正；逾期不改正的，由省级以上人民政府标准化行政主管部门废止相关团体标准，并在标准信息公共服务平台上公示，同时向社会团体登记管理机关通报，由社会团体登记管理机关将其违规行为纳入社会团体信用体系。

⑪社会团体制定的团体标准不符合"有利于科学合理利用资源，推广科学技术成果，增强产品的安全性、通用性、可替换性，提高经济效益、社会效益、生态效益，做到技术上先进、经济上合理"的，由标准化行政主管部门责令限期改正；逾期不改正的，由省级以上人民政府标准化行政主管部门废止相关团体标准，并在标准信息公共服务平台上公示。

⑫社会团体未依照本规定对团体标准进行编号的，由标准化行政主管部门责令限期改正；逾期不改正的，由省级以上人民政府标准化行政主管部门撤销相关标准编号，并在标准信息公共服务平台上公示。

⑬利用团体标准实施排除、限制市场竞争行为的，依照《中华人民共和国反垄断法》等法律、行政法规的规定处理。

第五节　企业标准化管理

企业标准化管理是企业规范化运营的重要基石，《企业标准化促进办法》是我国企业标准化工作的重要规范性文件，由国家市场监督管理总局于 2023 年 8 月 31 日发布（国家市场监督管理总局令第 83 号），自 2024 年 1 月 1 日起正式施行。《企业标准化促进办法》取代了 1990 年发布的《企业标准化管理办法》，是我国当前企业标准化工作的核心政策依据。

一、规章背景

《企业标准化促进办法》的制定背景源于我国标准化改革的深化与实践需求。随着国务院《深化标准化工作改革方案》（2015 年）和《国家标准化发展纲要》（2021 年）的相继出台，我国标准化工作进入市场化、国际化新阶段。在此背景下，1990 年实施的《企业标准化管理办法》已难以适应"放管服"改革要求和新经济发展需求。特别是面对企

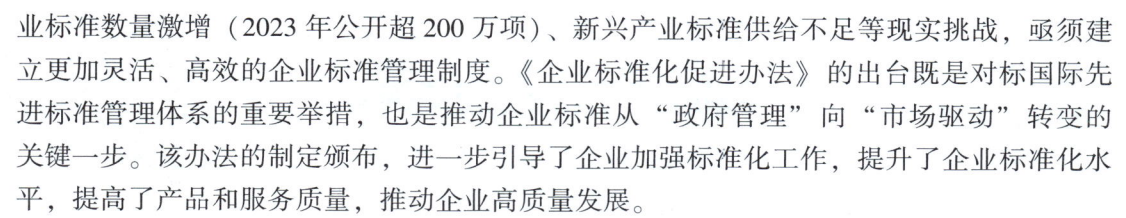

业标准数量激增（2023年公开超200万项）、新兴产业标准供给不足等现实挑战，亟须建立更加灵活、高效的企业标准管理制度。《企业标准化促进办法》的出台既是对标国际先进标准管理体系的重要举措，也是推动企业标准从"政府管理"向"市场驱动"转变的关键一步。该办法的制定颁布，进一步引导了企业加强标准化工作，提升了企业标准化水平，提高了产品和服务质量，推动企业高质量发展。

《企业标准化促进办法》全文3000多字，共三十六条，主要包括总则、企业标准的制定、企业执行标准的自我声明公开、企业标准化促进与服务、监督管理、附则等内容。

二、企业标准化工作的原则及基本任务

（一）企业标准的范围

企业标准是企业对企业范围内需要协调、统一的技术要求、管理要求和工作要求所制定的标准。由此可见，企业标准的适用范围仅限于本企业范围内。与国家标准、行业标准和地方标准不同，企业标准更加贴近企业的实际情况和需求，能够更好地适应市场和产品特性，包含企业产品的技术规格、生产工艺、质量要求、管理程序以及员工的操作规范等内容。

（二）企业标准化工作的原则

企业标准化工作应当坚持政府引导、企业主体、创新驱动、质量提升的原则。政府通过政策支持、平台建设和监督管理，为企业标准化工作提供制度保障和公共服务；企业作为标准化工作的主体，需自主制定并实施标准，通过自我声明公开机制落实主体责任；创新驱动要求企业将技术创新成果及时转化为标准，快速响应市场需求，并积极参与国际标准制定；质量提升则强调以高标准引领高质量发展，通过全流程质量控制和服务优化，增强产品和服务的市场竞争力。这四项原则相互支撑、协同推进，共同构建了"政府营造环境、企业自主创新、标准引领质量"的良性发展机制，也是推动企业标准化工作健康有序发展的核心指导方针。

（三）企业标准化工作的基本任务

①执行标准化法律、法规和标准化纲要、规划、政策；
②实施和参与制定国家标准、行业标准、地方标准和团体标准，反馈标准实施信息；
③制定和实施企业标准；
④完善企业标准体系，引导员工自觉参与执行标准，对标准执行情况进行内部监督，持续改进标准的实施及相关标准化技术活动等；
⑤鼓励企业建立健全标准化工作制度；
⑥配备专兼职标准化人员，在生产、经营和管理中推广应用标准化方法；
⑦开展标准化宣传培训，提升标准化能力；
⑧参与国际标准制定。

视频：企业标准化及案例

三、企业标准的制定

（一）依据标准生产

企业应当依据标准生产产品和提供服务。强制性标准必须执行，企业不得生产、销售、进口或者提供不符合强制性标准的产品、服务。鼓励企业执行推荐性标准。企业生产产品和提供服务没有相关标准的，应当制定企业标准。

（二）企业标准制定原则

①制定企业标准应当符合法律法规和强制性标准要求。

②制定企业标准应当有利于提高经济效益、社会效益、质量效益和生态效益，做到技术上先进、经济上合理。

③鼓励企业对标国际标准和国内外先进标准，基于创新技术成果和良好实践经验，制定高于推荐性标准相关技术要求的企业标准，支撑产品质量和服务水平提升。

（三）企业标准制定程序

企业标准制定程序一般包括立项、起草、征求意见、审查、批准发布、复审、废止。企业在制定标准时，需要参考或者引用材料的，应当符合国家关于知识产权的有关规定。参考或者引用国际标准和国内外标准的，应当符合版权的有关规定。

（四）试验方法

企业制定的产品或者服务标准应当明确试验方法、检验方法或者评价方法。试验方法、检验方法或者评价方法应当引用相应国家标准、行业标准或者国际标准。没有相应标准的，企业可以自行制定试验方法、检验方法或者评价方法。企业自行制定的试验方法、检验方法或者评价方法，应当科学合理、准确可靠。

（五）编号规则

企业提供产品或者服务所执行的企业标准应当按照统一的规则进行编号。企业标准的编号依次由企业标准代号、企业代号、顺序号、年份号组成。企业标准代号为"Q"，企业代号可以用汉语拼音字母或者阿拉伯数字或者两者兼用组成。与其他企业联合制定的企业标准，以企业标准形式各自编号、发布。

四、企业标准化促进措施

（一）建立标准创新型企业制度

国家通过建立标准创新型企业制度、标准融资增信制度和企业标准"领跑者"制度，构建多层次标准化激励体系，全面提升企业标准化水平。标准创新型企业制度重点培育以标准引领技术创新的标杆企业，推动技术、专利、标准协同发展；标准融资增信制度将企业标准化水平纳入信用评价体系，为标准化优势企业提供融资便利；企业标准"领跑者"制度通过评估遴选关键领域的高水平企业标准，树立行业标杆。

同时，广泛开展对标达标活动，引导企业对照国际先进标准提升产品质量和服务水平。政府加大对具有自主创新技术、起到引领示范作用、产生明显经济社会效益的企业标准奖励力度，通过专项资金支持、税收优惠、品牌推广等多种方式，激励企业制定和实施先进标准，推动产业转型升级和高质量发展。

（二）开展标准实施效果评价

国家积极推动企业开展标准实施效果评价，建立健全标准反馈与动态优化机制。企业作为标准实施主体，应当系统评估国家标准、行业标准、地方标准及团体标准在生产经营中的适用性和执行效果，并及时向相关标准制定机构反馈标准实施中的技术指标合理性、市场适应性等信息，为标准修订完善提供实践依据。

同时，企业在研制新产品、改进产品性能或进行技术改造时，必须对现有企业标准开展专项评估，重点考察标准的技术先进性、质量管控要求和市场竞争力，及时修订更新企业标准，确保标准与技术创新同步发展。通过构建"实施—反馈—评估—更新"的标准全生命周期管理机制，既提升了标准制定的科学性和适用性，又推动了企业技术进步和产品质量升级，形成标准引领创新、创新驱动发展的良性循环。

（三）开展标准化试点示范项目建设

为充分发挥标准化对产业升级的引领作用，县级以上人民政府标准化行政主管部门及相关行业主管部门应当积极构建标准化示范推广体系，通过政策引导和资源支持，重点推进企业标准化试点示范项目建设。国家鼓励企业积极开展标准化良好行为创建活动，通过构建科学完善的标准体系，全面提升企业质量管理水平和市场竞争力。

【标准案例】

标准化助力生活垃圾焚烧运营卓越化管理

试点项目：生活垃圾焚烧厂焚烧炉维护和检修服务标准化试点

上海康恒环境股份有限公司（以下简称"康恒环境"）是一家全产业链环境综合服务提供商，公司业务以垃圾发电项目的投资、建设、运营及技术改造为核心。试点建设期间，康恒环境成立标准化工作领导小组，结合生活垃圾焚烧产业和标准化发展方向，聚焦生活垃圾焚烧厂焚烧炉维护和检修的服务特点开展调研，明确标准体系范围和边界，将现有工作程序/流程、工作指导书、标准化工作模板以标准形式固化，将符合工作实际且运行成熟的制度进行优化、简化、统一转化为企业标准，同时将ISO三标管理体系融入标准体系，实现了多体系融合。

康恒环境科学搭建标准体系，探索多维度实施途径，将标准宣贯纳入年度培训计划，强化实施监督与改进，将标准化试点工作和信息化建设统筹规划，实现关联工作相互融合、工作流程线上化（见图4-6），显著规范了检维修人员行为，降低了漏修漏检率和因人为因素导致的错误率，大幅提升焚烧炉维护和检修的质量和效率。现已累计制定国家标准8项、行业标准5项、地方标准1项、团体标准18项。同时，积极复制试点经验在全系统全集团内推广，为共同推动行业标准化建设高质量发展作出贡献。

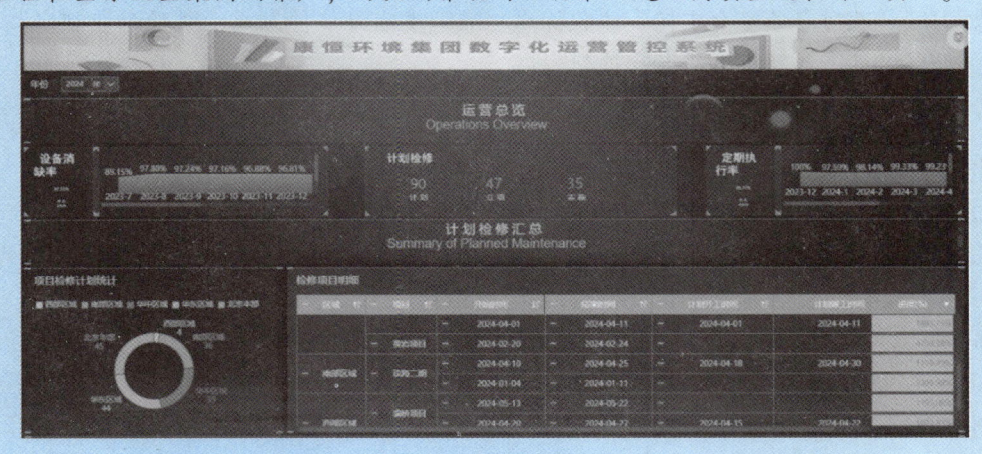

图4-6　康恒环境数字化运营管控系统

（案例来源：2024年度上海市标准化试点优秀案例）

五、企业标准监督检查

对企业实施标准进行监督检查是指对标准实施情况与结果进行监督、检查和处理的活动。这种监督检查对推动标准正确、持久实施和企业建立内部监督、自我约束的机制起着重要作用。《企业标准化促进办法》的第二十八条至第三十四条主要规定了对企业标准监督检查的范围、方式、内容以及处置措施等。GB/T 35778—2017《企业标准化工作指南》作为企业标准化工作的基础性指导文件，也对标准化监督检查工作作出了系统全面的规定，为企业开展标准化工作提供了规范性指引。鉴于篇幅所限，本书不再展开详细说明，如需深入了解相关内容，请参阅《企业标准化促进办法》或标准的具体条款。

第六节　全国专业标准化技术委员会管理

自1979年国务院标准化行政主管部门正式统一规划和组建我国专业标准化技术委员会以来，经过多年的发展，现已形成由专业标准化技术委员会（TC）、分技术委员会（SC）和标准化工作组（SWG）构成的技术委员会体系。技术委员会体系的建设有效支撑了我国标准化工作的稳步发展。

《全国专业标准化技术委员会管理办法》最初于2017年10月30日公布，并自2018

年 1 月 1 日起施行。2020 年 10 月 23 日，国家市场监督管理总局发布第 31 号令，对该办法进行了修订。修订后的版本进一步优化了技术委员会的管理机制，以适应标准化工作的新要求。

一、规章背景

《全国专业标准化技术委员会管理办法》是在贯彻落实国务院《深化标准化工作改革方案》的背景下修订，旨在建立更加科学规范的技术委员会管理制度，通过明确技术委员会的组建程序、工作职责、运行机制和监督要求，提升我国标准化工作的规范性和有效性，同时推动技术委员会更积极参与国际标准化活动，增强我国在国际标准制定中的话语权，为构建新型标准体系提供制度保障。

二、标准化管理机构

（一）标准化管理机构层级

我国标准化管理体系实行分级管理，主要分为以下三个层级：
①国家标准化行政主管部门；
②国务院有关行政主管部门及具有行业管理职能的行业协会；
③省、自治区、直辖市人民政府标准化行政主管部门。

（二）各级标准化管理机构管理职责

我国标准化管理机构实行三级管理体系，相应的对专业技术委员会的管理职责及监督权限也划分为三个层级：
①国务院标准化行政主管部门统一管理技术委员会工作，负责技术委员会的规划、协调、组建和管理；
②国务院有关行政主管部门、有关行业协会管理本部门、本行业的技术委员会，对技术委员会开展国家标准制修订以及国际标准化等工作进行业务指导；
③省、自治区、直辖市人民政府标准化行政主管部门负责本行政区域内的技术委员会，为技术委员会开展工作创造条件。

视频：专业标准化技术委员会组建及工作

三、技术委员会的组成及职责

（一）技术委员会的组成

1. 技术委员会的含义

《全国专业标准化技术委员会管理办法》对技术委员会的定义是："在一定专业领域

内,从事国家标准的起草和技术审查等标准化工作的非法人技术组织,应当科学合理、公开公正、规范透明地开展工作。"

该定义可以解释为技术委员会是由企业、地方归口单位批准设立的,主要负责特定领域或范围的标准化归口工作,包括跟踪对应世界主要标准化机构的标准化动向和我国的有关标准进程,受委托起草相应标准,解释、宣贯重要的技术标准,开展相应级别有关专业技术标准化的课题研究等非法人技术组织。

2. 技术委员会的组成

技术委员会的组织结构通常分为两层(见图4-7)。一层是由相关方代表所构成的技术委员会,另一层是由技术专家构成、由技术委员会批准组建的工作组。在技术委员会所负责的特定专业领域标准需求较多的情况下,技术委员会可视情况设置由相关方代表构成的分委员会。

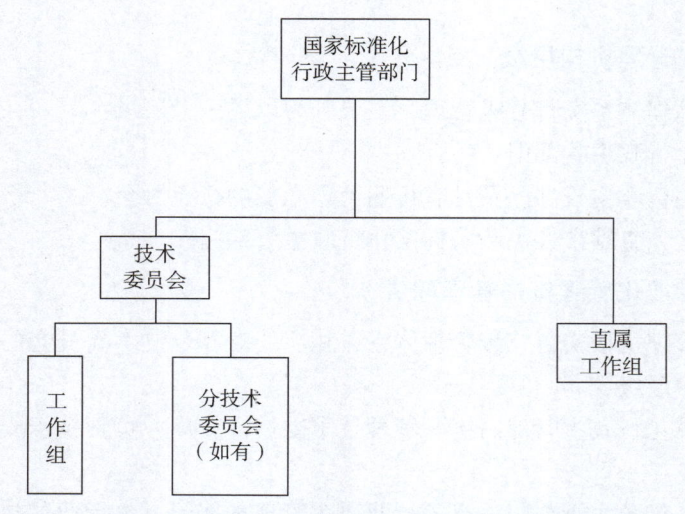

图4-7 全国专业标准化技术委员会的组织结构示意图

(1) 人员来源

技术委员会由委员组成,设主任委员和副主任委员,并设秘书处,负责日常工作。技术委员会的委员应当具有广泛的代表性,可以来自生产者、经营者、使用者、消费者、公共利益方等相关方。教育科研机构、有关行政主管部门、检测及认证机构、社会团体等可作为公共利益方代表,以保证在标准的编制过程中尽可能体现各利益相关方的要求。

(2) 人员要求

专业领域较宽的技术委员会可组建分技术委员会,技术委员会和分技术委员会的委员应当为单数,分别不少于25人和15人。技术委员会中,主任委员和秘书长各1名,副主任委员和副秘书长各不超过5名;分技术委员会中,主任委员和秘书长各1名,副主任委员和副秘书长各不超过3名。

主任委员、副主任委员应当具有高级工程师以上专业技术职称,或者具有与高级工程师以上专业技术职称相对应的职务。除此之外根据需要配备委员若干名、联络人及专家组专家若干名。同一人不得在三个以上技术委员会担任委员。

（3）换届

技术委员会每届任期不得超过五年。换届前应当公开征集委员，技术委员会秘书处提出换届方案报送筹建单位。筹建单位应当对换届方案进行审核，并于技术委员会任期届满前三个月将换届方案报送国务院标准化行政主管部门。主管部门按照技术委员会应当履行的职责对换届申请进行审核，对符合要求的，批复准予换届；对不符合要求的，根据情况，可以作出限期调整换届方案或者对技术委员会限期整改、重新组建、调整秘书处承担单位、暂停、撤销等处理。

（二）技术委员会的工作职责

①提出本专业领域标准化工作的政策和措施建议；

②编制本专业领域国家标准体系，根据社会各方的需求，提出本专业领域制修订国家标准项目建议；

③开展国家标准的起草、征求意见、技术审查、复审及国家标准外文版的组织翻译和审查工作；

④开展本专业领域国家标准的宣贯和国家标准起草人员的培训工作；

⑤受国务院标准化行政主管部门委托，承担归口国家标准的解释工作；

⑥开展标准实施情况的评估、研究分析；

⑦组织开展本领域国内外标准一致性比对分析，跟踪、研究相关领域国际标准化的发展趋势和工作动态；

⑧管理下设分技术委员会；

⑨承担国务院标准化行政主管部门交办的其他工作。

另外，分技术委员会工作职责参照技术委员会工作职责执行。

技术委员会可以接受政府部门、社会团体、企事业单位委托，开展与本专业领域有关的标准化工作。分技术委员会的工作职责参照技术委员会的工作职责执行。

四、技术委员会的组建

（一）组建原则

技术委员会的组建是一项非常严谨的工作，具有严格的条件及程序。技术委员会组建应当遵循发展需要、科学合理、公开公正、国际接轨的原则。

（二）组建条件

1. 组建技术委员会应当符合下列条件

①涉及的专业领域为国民经济和社会发展的重要领域，符合国家标准化发展战略、规划要求；

②专业领域一般应当与国际标准化组织、国际电工委员会等国际组织已设立技术委员

会的专业领域相对应；

③业务范围清晰，与其他技术委员会无业务交叉；

④标准体系框架明确，有较多的国家标准制修订工作需求；

⑤秘书处承担单位具备开展工作的能力和条件。

另外，业务范围能纳入现有技术委员会的，不得组建新的技术委员会。

2. 技术委员会设秘书处，负责日常工作，秘书处承担单位应当符合下列条件

①在我国境内依法设立、具有独立法人资格的企事业单位或者社会团体；

②有较强的技术实力和行业影响力；

③有连续三年以上开展标准化工作的经验，牵头起草过三项以上国际标准、国家标准或者行业标准；

④将秘书处工作纳入本单位工作计划和日常工作，并为秘书处开展工作提供必要的经费和办公条件；

⑤有专职工作人员，能够督促秘书处专职工作人员认真履行职责，确保秘书处各项工作公正、公平地开展；

⑥国务院标准化行政主管部门规定的其他条件。

（三）技术委员会组建程序

技术委员会的组建程序应当包括向国家标准化委员会（SAC）提出筹建申请、公示、筹建、成立。具体程序见图 4-8。

（四）关于技术委员会组建的其他规定

①专业领域较宽的技术委员会可以组建分技术委员会。分技术委员会的组建参照技术委员会的组建执行。由技术委员会可直接提出分技术委员会的筹建申请。

②对新技术新产业新业态有标准化需求但暂不具备组建技术委员会或者分技术委员会条件的，国务院标准化行政主管部门可以成立标准化工作组，承担国家标准制修订相关工作。标准化工作组不设分工作组，由国务院标准化行政主管部门直接管理，组建程序和管理要求参照技术委员会执行。

标准化工作组成立三年后，国务院标准化行政主管部门应当组织专家进行评估。具备组建技术委员会或者分技术委员会条件的，按有关规定组建；仍不具备组建条件的，予以撤销。

③技术委员会、分技术委员会、标准化工作组由国务院标准化行政主管部门统一顺序编号，分别为 SAC/TC×××、SAC/TC×××/SC××、SAC/SWG×××。

④技术委员会、分技术委员会及其秘书处的印章由国务院标准化行政主管部门统一制发。

第四章 标准化部门规章

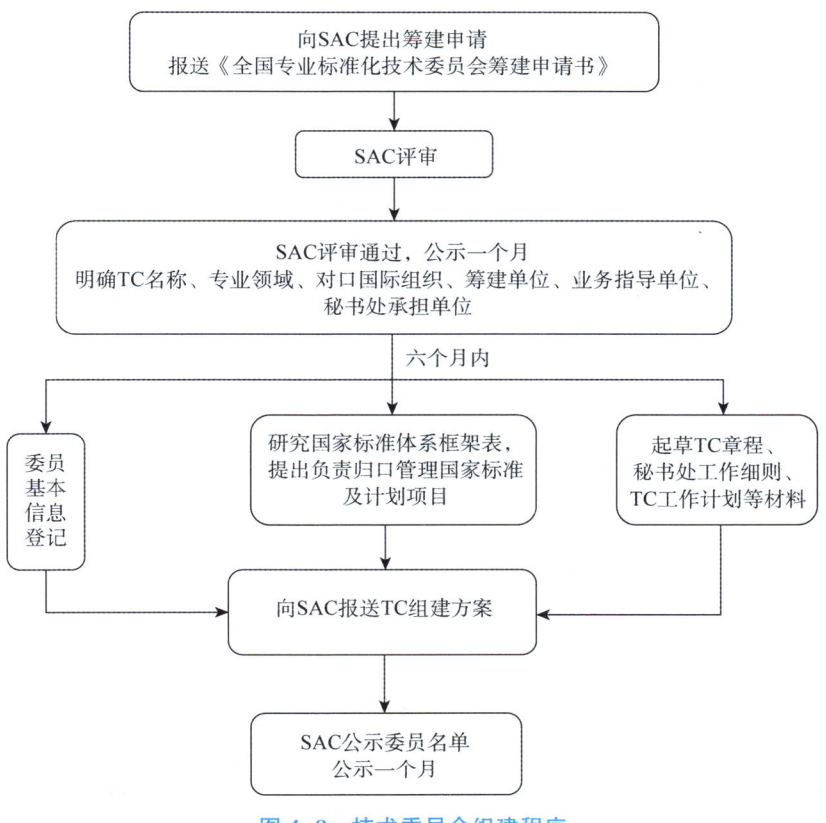

```
向SAC提出筹建申请
报送《全国专业标准化技术委员会筹建申请书》
          ↓
        SAC评审
          ↓
SAC评审通过，公示一个月
明确TC名称、专业领域、对口国际组织、筹建单位、业务指导单位、
秘书处承担单位
          ↓ 六个月内
   ┌──────┼──────┐
委员      研究国家标准体系框架表，   起草TC章程、
基本      提出负责归口管理国家标准   秘书处工作细则、
信息      及计划项目                TC工作计划等材料
登记
   └──────┼──────┘
          ↓
    向SAC报送TC组建方案
          ↓
    SAC公示委员名单
      公示一个月
```

图 4-8 技术委员会组建程序

五、技术委员会的工作程序

技术委员会主要以不定期通信或会议的形式开展工作，委员会每年需至少召开一次全体委员都参加的年会，总结上年度工作，安排下年度计划，通报经费使用情况等。技术委员会两个最重要的工作程序分别是表决制度和标准制修订工作程序。

（一）表决制度

①技术委员会应当在全体委员充分协商的基础上，实行主任委员领导下的集体表决制度。

②涉及以下事项的，需提交全体委员表决，并形成会议纪要：

a. 技术委员会章程和秘书处工作细则；

b. 工作计划；

c. 本专业领域标准体系表；

d. 国家标准制修订立项建议；

e. 国家标准送审稿；

f. 技术委员会委员调整建议；

g. 工作经费的预决算及执行情况；

h. 分技术委员会的组建、调整、撤销、注销等事；
i. 分技术委员会的决议；
j. 技术委员会章程规定应当审议的其他事项。

a、d、e、f、g、h 事项审议时，应当提交全体委员表决，参加投票的委员不得少于四分之三。参加投票委员三分之二以上赞成，且反对意见不超过参加投票委员的四分之一，方为通过。表决结果应当形成决议，由秘书处存档。

（二）标准制修订工作程序

技术委员会开展标准的制修订工作应符合以下程序：

1. 项目提出

技术委员会提出标准制修订立项建议，报标准制定部门审核。

2. 征求意见

标准主要起草单位或者标准制定工作组提出的标准征求意见稿经由技术委员会主任委员同意后，由起草单位向有关行业部门、协会以及相关生产、销售、科研、检测和用户等单位广泛征求意见。时间一般为一个月。

3. 技术审查

经主任委员同意后，秘书处采取会议或函审方式，将标准主要起草单位或者标准制定工作组提交的标准送审稿提交全体委员审查，四分之三以上同意，方为通过。

4. 报批

秘书处对标准主要起草单位或者标准制定工作组提交的草案报批稿及其附件进行复核后，提交主任委员或其委托的副主任委员审核，报标准审批部门审批。

5. 复审

标准实施五年之内，技术委员会配合标准制定部门对标准的技术内容是否适应经济社会发展需要进行重审审查。

（三）其他工作程序

技术委员会、分技术委员会承担的国际标准化等其他工作的工作程序，按照有关规定执行。

六、技术委员会的考核评估

国务院标准化行政主管部门建立考核评估制度，定期对技术委员会的工作等进行考核评估，并将考核评估结果向社会公开。

（一）标准化技术委员会考核的步骤

1. 考核形式

国务院标准化行政主管部门统一组织，国家标准技术审评中心承担。考核评估采用分批考核的方式，周期为三年。批准成立后不满三年的技术委员会不参加考核评估，分技术委员会纳入技术委员会考核评估范围，不单独列队。

2. 考核评估内容

（1）标准制修订任务

包括项目完成率、标准体系建设和维护情况、项目申报、标准复审与实施情况跟踪、标准制修订过程的公开性和透明度

（2）日常管理

包括年度报告情况、经费管理、委员管理、宣贯培训等。

（3）组织参与国际标准化工作

包括参与制修订国际标准、国际标准的跟踪评估及转化。

（4）考核评估结果的应用

考核评估有效期为三年，考核评估结果分为四个等级：一级，通报表扬；二级，按照专家组意见建议改进完善工作；三级，纳入重点监督检查范围；不合格，暂停其工作并限期整改，整改时限一般为六个月。整改期满后重新组织考核评估，评估结果仍未达到三级要求的，视情况采取调整秘书处承担单位、重新组建、撤销等处理措施。

动手探究

截至2024年，我国已成立了550多个全国专业标准化技术委员会（数据来源：国家标准化管理委员会官网），覆盖工业、农业、服务业和社会事业等各领域。这些技术委员会是制定和修订国家标准、行业标准的核心力量，由国家标准化管理委员会统一管理。近年来，为适应新兴产业发展需求，我国加快布局人工智能、量子技术、6G、双碳等领域的标准化技术委员会，如全国人工智能标准化技术委员会（TC 28/SC 42）、全国量子计算与测量标准化技术委员会（TC 578）。请你动手查一查自己熟悉的领域是否建立了技术委员会？它的编号是多少？

第七节　采用国际标准管理

国际标准是世界各国进行贸易的基本准则和基本要求。《标准化法》规定："国家鼓励积极采用国际标准。"采用国际标准是我国一项重要的技术经济政策，是技术引进的重要组成部分。《采用国际标准管理办法》由2025年3月25日发布，自2025年6月1日起施行。

一、规章背景

新版《采用国际标准管理办法》是在 2001 年版本的基础上进行修订的，修订背景主要基于三方面：一是落实国家政策要求。党的二十大报告提出"稳步扩大规则、规制、管理、标准等制度型开放"，《国家标准化发展纲要》设定了"2025 年国际标准转化率达 85%以上"的目标。二是适应国际标准化新形势。国际标准组织（ISO、IEC、ITU）强化版权保护，WTO/TBT 协议要求成员国（地区）尽可能以国际标准为基础制定技术法规，我国需加强与国际规则对接。三是优化国内管理机制。原 2001 年版《采用国际标准管理办法》已不适应新技术、新产业发展需求，新版《采用国际标准管理办法》通过强化全过程管理（如动态跟踪、适用性分析、验证等）提升采标科学性，并推动内外贸一体化发展。

二、内涵定义

（一）国际标准

国际标准指国际标准化组织、国际电工委员会、国际电信联盟（以下统称国际标准组织）制定的标准。

（二）采用国际标准的范围

采用国际标准是指将国际标准的内容等同或者修改转化为我国的国家标准。这主要是由于近年来 ISO 和 IEC 版权政策明确要求成员国（地区）在国家（地区）层面采用 ISO 和 IEC 发布的标准制定标准，故《采用国际标准管理办法》将采标标准的范围限定为国家标准。

需要说明的是，《采用国际标准管理办法》第二十三条还规定：确有需要但国际标准组织尚未制定相应标准或者制定发布的相应标准在我国不适用时，可以采用其他国际国外组织发布的标准制定我国的国家标准。这其实是为采用一些有影响力的其他国际组织的标准留有余地，例如我国有相当数量的照明领域国家标准就是采用了国际照明委员会（CIE）发布的标准。

（三）国际标准采用程度

国际标准的采用程度分为等同采用和修改采用。等同采用是指采标国家标准的技术内容和文本结构与所采用国际标准相同，仅作编辑性改动，代号为 IDT。修改采用是指采标国家标准的技术内容或者文本结构与所采用国际标准存在差异，但保留了大部分内容和重要条款，同时说明相关差异及其理由，代号为 MOD。

【标准案例】GB/T 12643—2025《机器人 词汇》封面标记有 IDT，说明该标准的技术内容和文本结构与所采用国际标准 ISO 8373：2021 相同，见图 4-9。

GB/T 13511.1—2025《配装眼镜 第 1 部分：单焦和多焦定配眼镜》封面标记有 MOD，说明该标准的技术内容或者文本结构与所采用国际标准 ISO 21987：2017 存在差异，见图 4-10。

图 4-9　GB/T 12643—2025 标准封面

图 4-10　GB/T 12643—2025 标准封面

三、采用国际标准的管理职责

《采用国际标准管理办法》明确了国务院标准化行政主管部门统一管理采用国际标准工作。国务院有关行政主管部门依据职责,开展和指导本部门、本行业采用国际标准工作。有关行业协会按照国家有关规定配合开展本行业采用国际标准工作。

四、采用国际标准的原则和要求

为提高采标工作的科学性、规范性,《采用国际标准管理办法》规定了采用国际标准遵循以下原则:

1. 结合我国国情

采用国际标准应符合我国有关法律法规规定,做到技术先进、经济合理、安全可靠。

2. 与国际标准体系相协调

一个采标国家标准应当尽可能采用一个国际标准;因实际需要采用多个国际标准的,应当尽量保持国家标准体系与国际标准体系相协调。

3. 优先采用基础性国际标准

术语标准、符号标准、分类标准、通用试验方法等基础性国际标准应当优先采用。

4. 减小差异

基于保障人身健康和生命财产安全、国家安全、生态环境安全等需要,以及气候、地理、技术等差异,可以在制定采标国家标准时对有关国际标准进行合理、必要的修改。

五、采用国际标准的程序

根据《采用国际标准管理办法》,我国采用国际标准的程序主要包括以下关键环节:

1. 项目提出

国内承担国际标准组织技术机构对口工作的单位应当跟踪研究相关国际标准最新进展与发展趋势,并于国际标准制定各阶段完成之日起三十日内向全国专业标准化技术委员会等相关方通报。国务院标准化行政主管部门、国务院有关行政主管部门依据职责组织全国专业标准化技术委员会、国内技术对口单位对本领域相关国际标准与我国国情的适用性进行分析。鼓励全国专业标准化技术委员会根据需要对现行国际标准技术要求、试验检验方法等开展验证。

2. 立项

国务院有关行政主管部门、技术委员会按照国家相关规定提出采标国家标准立项申请。立项申请材料包括项目申报书和标准草案。项目申报书应当对拟采用国际标准的制定阶段、适用性和采用程度等作出说明。拟修改采用国际标准的,标准草案还应当明确与所采用国际标准的技术差异。

国务院标准化行政主管部门组织国家标准专业审评机构对申请立项的采标国家标准项目进行评估。对采标国家标准项目，国务院标准化行政主管部门应当优先立项。

3. 组织起草

采标国家标准的起草应当符合以国际标准为基础起草国家标准的编写规则（GB/T 1.2），标准结构宜与国际标准相对应，条款语句表述等应当符合中文表达习惯。采标国家标准报批材料应当符合国家标准报批要求，并提供所采用国际标准的中文译文。修改采用国际标准的，应当同时提供与所采用国际标准的差异说明；开展试验验证的，应当同时提供试验验证材料。

4. 技术审查

国务院标准化行政主管部门委托国家标准专业审评机构对采标国家标准的报批材料进行审核。

5. 批准发布

审核通过的，按照国家标准制定有关规定予以编号、发布。等同采用国际标准的，应当在采标国家标准编号之后标示所采用国际标准的编号。修改采用国际标准的，不得在采标国家标准编号之后标示所采用国际标准的编号。采标国家标准文本的公开，应当遵守国际标准组织的版权政策。

六、实施应用

《采用国际标准管理办法》对国际标准的实施应用作出了系统性规定，重点构建了"采标—实施—监督—反馈"的全链条管理机制。在实施应用环节，首先要求行业主管部门制定配套实施方案，明确国际标准转化后的推广应用路径和时间节点；其次建立分类实施机制，对基础通用类标准通过培训宣贯推动行业普遍采用，对产品类标准通过认证检测强化市场实施。

《采用国际标准管理办法》特别强调实施效果跟踪评估，规定技术委员会应当定期收集标准实施中的技术问题，建立与国际标准组织的常态化反馈渠道。同时，鼓励企业将采用的国际标准纳入质量管理体系，支持检测认证机构依据国际标准开展合格评定，市场监督管理部门则需加强对采标标准实施情况的监督检查。通过这一系列措施，确保采用的国际标准真正落地见效，既提升我国标准国际化水平，又促进产业高质量发展。

本章小结

本章系统梳理了我国的标准化规章内容，涵盖国家标准、行业标准、地方标准、团体标准及企业标准的制定背景、规范要求、实施监督与管理机制，并详细解析了全国专业标准化技术委员会的分级管理架构、组建流程及运作模式。同时，概要阐述了采用国际标准的核心内涵，包括采用原则、采用程序及本土化实施要求。通过学习，可全面掌握我国标准化工作各环节的操作规范，为参与标准制定、应用及管理实践提供系统性指导。

小 测

一、单选题

1. 根据《行业标准管理办法》，行业标准备案时限为批准发布之日起（　　）日内。
   A. 60 B. 50
   C. 40 D. 30

2. 下列不属于国家重点标准制定领域的是（　　）。
   A. 人工智能 B. 量子信息
   C. 传统纺织工艺 D. 生物医药

3. 国家标准审查表决通过需获出席会议代表（　　）以上同意。
   A. 五分之三 B. 四分之三
   C. 三分之二 D. 二分之一

4. 国家标准实施后，要适时进行复审，复审周期一般不超过（　　）。
   A. 六年 B. 五年
   C. 四年 D. 三年

5. 行业标准的制定前提是（　　）。
   A. 无国家标准 B. 无地方标准
   C. 无团体标准 D. 无国际标准

6. 地方标准代号，汉语拼音字母"DB"加上省、自治区、直辖市（　　）前两位数再加斜线，组成强制性地方标准代号。再加"T"，组成推荐性地方标准代号。
   A. 顺序号 B. 行政区域代码
   C. 年代号 D. 标准号

7. 全国专业标委会委员人数要求为（　　）。
   A. 不少于25人 B. 不少于30人
   C. 35～50人 D. 无具体限制

8. 国家标准化管理委员会换届应在任期届满前（　　）个月提出方案。
   A. 3 B. 6
   C. 9 D. 12

9. 标准征求意见时限一般为（　　）。
   A. 2个月 B. 1个月

C. 1 周　　　　　　　　　　　　　D. 5 个工作日

10. 采用国际标准，应当符合我国有关法律、法规，遵循（　　），做到技术先进、经济合理、安全可靠。

A. 国际标准　　　　　　　　　　B. WTO/TBT

C. 国际惯例　　　　　　　　　　D. 国际贸易

11. 根据最新《采用国际标准管理办法》，我国标准采用国际标准时，应当优先采用（　　）国际标准。

A. 一个　　　　　　　　　　　　B. 两个

C. 多个　　　　　　　　　　　　D. 三个

12. 我国标准采用国际标准的标识方式是（　　）。

A. 在标准编号后加"/T"

B. 在标准封面标注"等同采用（IDT）"或"修改采用（MOD）"

C. 仅在标准前言中说明

D. 不强制要求标注

13. 根据最新《采用国际标准管理办法》，我国采用的国际标准范围限定为（　　）制定的标准。

A. ISO、IEC、ITU　　　　　　　B. ISO、IEC、WTO

C. ISO、IEC、UN　　　　　　　 D. ISO、IEC、WIPO

14. 采标国家标准的实施效果评估由（　　）统一组织开展。

A. 国务院标准化行政主管部门　　B. 省级市场监督管理部门

C. 全国专业标准化技术委员会　　D. 行业协会

15. 采用正在制定的国际标准时，鼓励我国标准与其（　　）。

A. 同步制定、实施　　　　　　　B. 滞后半年实施

C. 仅参考技术框架　　　　　　　D. 仅采用最终版本

参考答案

第五章 标准化政策与相关专业法

学习目标

1. 了解和理解标准化作为科技与经济的技术支撑，以及我国标准化的有关政策。
2. 初步了解我国标准化法与其他相关专业法（计量法、节能法、环保法等）的关系。

本章导读

中华人民共和国成立以来，我国标准化事业经历了从起步探索、开放改革到全面提升的发展历程，标准化政策法制体系更加健全，管理更加规范。多年来为了促进科技和经济的快速发展，国家已将标准化作为科技与经济的重要技术支撑，并出台了一系列与标准化相关的政策。了解国家标准化政策和相关动态，对进一步学习和探讨标准化方面的技术问题大有好处。

标准化法与相关专业法有着千丝万缕的联系，初浅地探讨标准化法与这些专业法的关系，可以拓展法律法规方面的知识，也可以帮助我们加深对标准化法律法规的理解，同时有助于我们将来在标准化工作中注意相关方面的问题。

学习主题

标准化政策与相关专业法
- 我国标准化相关政策
  - 国家标准化发展纲要
  - 建设高标准市场体系行动方案
  - 企业标准"领跑者"制度
- 标准化法与相关专业法
  - 标准化法与计量法
  - 标准化法与其他专业法

第一节　我国标准化相关政策

我国自改革开放以来，为了促进国家科技和经济的快速发展，越来越重视标准化工作，并且根据国家发展的需求将标准化定位为科技与经济的技术支撑，出台了一系列与标准化相关的改革和政策。本节主要介绍我国三个重要的标准化政策，分别是《国家标准化发展纲要》《建设高标准市场体系行动方案》《企业标准"领跑者"制度》。

视频：解读《标准化发展纲要》

一、国家标准化发展纲要

（一）提出背景

当前，世界百年未有之大变局进入加速演变期，标准作为创新与竞争的重要手段、作为国际规则的重要组成部分和战略性创新资源，日益成为各国博弈焦点。2021年，党中央、国务院正式印发《国家标准化发展纲要》（以下简称《纲要》），作为指导我国标准化中长期发展的纲领性文件，《纲要》的发布标志着我国标准化工作进入了一个新的历史阶段。

加强标准化工作，实施标准化战略，是一项重要和紧迫的任务。"十四五"规划和2035年远景目标纲要在坚持创新驱动发展、加快发展现代产业体系等多个方面，对标准化工作提出了大量要求。颁布实施《纲要》，进一步明确将标准化提升到党和国家事业发展全局的战略高度，这是我国标准化事业发展史上重大的里程碑事件。

美国、欧盟、日本、韩国等将制定实施标准化战略规划作为重要手段，提升标准化水平，助推技术创新和产业发展。立足国情、放眼全球、面向未来，颁布实施《纲要》，是应对新形势、新挑战，加快标准化改革创新，夯实标准化工作基础，深化标准化国际交流合作，提升标准化对经济社会发展支撑的重要举措，为形成更宽领域、更深层次、更高水平的标准化工作新格局提供了指南。

（二）《纲要》概述

《纲要》全文共8210字，从8个方面35项具体内容进行深刻阐释。《纲要》指出，标准是经济活动和社会发展的技术支撑，是国家基础性制度的重要方面，标准化在推进国家治理体系和治理能力现代化中发挥着基础性、引领性作用。《纲要》强调，到2025年，实现标准供给由政府主导向政府与市场并重转变，标准运用由产业与贸易为主向经济社会全域转变，标准化工作由国内驱动向国内国际相互促进转变，标准化发展由数量规模型向质量效益型转变。到2035年，市场驱动、政府引导、企业为主、社会参与、开放融合的标准化工作格局全面形成。

(三) 总体要求

《纲要》对我国标准化发展作出整体部署，明确了我国标准化发展的指导思想和目标。

1. 必须坚持以习近平新时代中国特色社会主义思想为指导

这是新时代标准化发展的总指针和总遵循。要把握新发展阶段，贯彻新发展理念，构建新发展格局，深刻认识标准化在国家治理体系和治理能力现代化中的基础性、引领性作用，处理好政府与市场、继承与创新、国内与国际之间的关系，优化标准化治理结构，增强标准化治理效能，提升标准国际化水平，加快构建推动高质量发展的标准体系，以高标准助力高技术创新、促进高水平开放、引领高质量发展，为全面建成社会主义现代化强国、实现中华民族伟大复兴的中国梦提供有力支撑。

2. 准确把握新时代标准化发展目标

到2025年，标准化更加有效推动国家综合竞争力提升，促进经济社会高质量发展，在构建新发展格局中发挥更大作用。全域标准化深度发展，农业、工业、服务业和社会事业等领域标准全覆盖；标准化水平大幅提升，标准化的经济效益、社会效益、质量效益、生态效益充分显现；标准化开放程度显著增强，国家标准与国际标准关键技术指标的一致性程度大幅提升；标准化发展基础更加牢固，建成一批国际一流的综合性、专业性标准化研究机构。到2035年，标准体系更加健全，标准化管理体制更加完善，市场驱动、政府引导、企业为主、社会参与、开放融合的标准化工作格局全面形成。

(四) 重点任务

《纲要》明确了七个方面重点任务，这些都是标准化服务经济社会发展的重点领域和推动标准化发展的重要环节，需要全面准确把握，整体推进落实。

1. 推动标准化与科技创新互动发展

要加强关键技术领域标准研究，同步部署技术研发、标准研制与产业推广。以科技创新提升标准水平，健全科技成果转化为标准的机制，完善标准必要专利制度，加强标准制定过程中的知识产权保护。

2. 提升产业标准化水平

要筑牢产业发展基础，推进产业优化升级，实施高端装备制造标准化强基工程，形成产业优化升级的标准群。实施新产业标准化领航工程，引领新产品新业态新模式快速健康发展。实施标准化助力重点产业稳链工程，增强产业链、供应链稳定性和产业综合竞争力。实施新型基础设施标准化专项行动，以标准化助推新型基础设施提质增效。

3. 完善绿色发展标准化保障

要实施碳达峰、碳中和标准化提升工程，建立健全碳达峰、碳中和标准，持续优化生态系统建设和保护标准，推进自然资源节约集约利用，构建自然资源标准体系，筑牢绿色生产标准基础，强化绿色消费标准引领。

4. 加快城乡建设和社会建设标准化进程

要实施乡村振兴标准化行动、城市标准化行动。加快数字社会、数字政府、营商环境标准化建设。围绕乡村治理、综治中心、网格化管理，开展社会治理标准化行动。实施公共安全标准化筑底工程，织密筑牢重点领域安全标准网。实施基本公共服务标准体系建设工程，推动基本公共服务均等化、普惠化、便捷化。开展养老和家政服务标准化专项行动，提升保障生活品质的标准水平。

5. 提升标准化对外开放水平

要深化标准化交流合作，履行国际标准组织成员国责任义务，积极参与国际标准化活动。强化贸易便利化标准支撑，大力推进中外标准互认。推动国内国际标准化协同发展，实施标准国际化跃升工程，推进中国标准与国际标准体系兼容。

6. 推动标准化改革创新

要优化标准供给结构，推动形成政府颁布标准与市场自主制定标准二元结构。深化标准化运行机制创新，健全企业、消费者等相关方参与标准制定修订的机制。促进标准与国家质量基础设施融合发展，强化标准实施应用，加强标准制定和实施的监督。

7. 夯实标准化发展基础

要提升标准化技术支撑水平，构建以国家级综合标准化研究机构为龙头，行业、区域和地方标准化研究机构为骨干的标准化科技体系。大力发展标准化服务业，培育壮大标准化服务业市场主体，加强标准化人才队伍建设，营造标准化良好社会环境。

（五）行动计划

为扎实推动《纲要》深入实施，国家市场监督管理总局会同国家网信办、国家发展改革委等18部门又联合印发《贯彻实施〈国家标准化发展纲要〉行动计划（2024—2025年）》，就2024年至2025年贯彻实施《纲要》提出了具体任务。

该行动计划采用重点任务逐一列条的方式，结构安排上与《纲要》框架内容相对应，分三个板块，共35条。第一板块围绕标准化服务发展，从加强标准化与科技创新互动、提升现代化产业标准化水平、完善绿色发展标准化保障、推进城乡建设和社会建设标准化发展、实施标准国际化跃升工程等方面，提出强化关键技术领域标准攻关，推动产品和服务消费标准升级，加快产业创新标准引领，健全碳达峰、碳中和标准体系，实施乡村振兴标准化行动，健全稳步扩大标准制度型开放机制等重点任务。第二板块围绕标准化自身发展，从深化标准化改革创新、夯实标准化发展基础两方面，提出了提升标准供给质量、加强标准试验验证、强化标准化技术机构支撑、加强多层次标准化人才队伍建设等任务要求。第三板块是组织实施，从加强组织领导、加强政策支持等方面提出具体措施。

二、建设高标准市场体系行动方案

（一）提出背景

2021年1月31日，中共中央办公厅、国务院办公厅印发了《建设高标准市场体系行动方案》（简称《行动方案》）。方案就 6 个方面提出了 51 条具体要求，旨在充分发挥市场在资源配置中的决定性作用，更好发挥政府作用，牢牢把握扩大内需这个战略基点，坚持平等准入、公正监管、开放有序、诚信守法，畅通市场循环，疏通政策堵点，打通流通大动脉，推进市场提质增效，通过五年左右的努力，基本建成统一开放、竞争有序、制度完备、治理完善的高标准市场体系，为推动经济高质量发展、加快构建新发展格局、推进国家治理体系和治理能力现代化打下坚实基础。

（二）重要意义

市场是最稀缺的战略资源，是构建以国内大循环为主体、国内国际双循环相互促进的新发展格局的重要优势与关键支撑。市场体系是社会主义市场经济体制的重要组成部分和有效运转基础。党的十九届四中全会提出要建设高标准市场体系，党的十九届五中全会明确提出要实施高标准市场体系建设行动。这是中央从发展改革全局出发作出的重大战略部署。

1. 建设高标准市场体系是构建新发展格局的基础支撑

构建新发展格局必须利用好大国经济纵深广阔的优势，把我国巨大的市场潜力转化为实际需求，为我国经济发展增添动力。建设高标准市场体系，破除妨碍生产要素市场化配置和商品服务流通的体制机制障碍，畅通市场循环，疏通政策堵点，打通流通大动脉，推进市场提质增效，才能充分发挥大国经济规模效应与集聚效应，贯通生产、分配、流通、消费各环节，促进国内供需有效对接，实现内部可循环。同时，强大的国内市场和供给能力将为外循环提供坚实支撑，实现内外循环相互促进的发展格局，为加快构建新发展格局奠定坚实的制度基础。

2. 建设高标准市场体系是推动经济高质量发展的重要动力

高质量发展要求推动实现质量变革、效率变革、动力变革，市场体系的基础制度、运行效率、开放程度、监管体制等都要与之相匹配。建设高标准市场体系，坚持平等保护各类所有制经济产权，健全产权执法司法保护制度，强化竞争政策基础地位，有利于形成市场主体公平竞争的市场环境，充分激发市场主体活力和创造力，实现企业优胜劣汰，提高经济质量效益和核心竞争力，持续增强发展动力和活力。

3. 建设高标准市场体系是构建高水平社会主义市场经济体制的内在要求

改革开放以来，我国市场体系建设取得长足进展。市场规模体量快速增长，市场结构持续优化，市场环境不断改善，市场运行更加规范，国内市场的对外吸引力明显增强。但同时也要看到，市场体系的基础制度仍不健全，要素市场发展滞后，市场竞争环境还不够完善，市场内外开放广度和深度仍需继续拓展，市场监管还不适应经济社会发展需要等。以更高的标准要求来建设市场体系，是构建更加成熟、更加定型的高水平社会主义市场经济体制的内在要求。

建设高标准市场体系是一项基础性改革。以中共中央办公厅、国务院办公厅名义印发《行动方案》，是落实党的十九届五中全会精神的一项重大改革部署，也是新时代构建高水平社会主义市场经济体制的又一具有标志性意义的重要成果，必将对推动高质量发展、构建新发展格局起到重要的支撑作用。

(三) 内涵及要求

"高标准"可以从以下六个方面理解：

1. 高标准的市场体系基础制度

高标准制度是市场体系有效运行的基础。严格的产权保护，是激发各类市场主体活力的原始动力。实施全国统一的市场准入负面清单制度，加大力度破除各种市场准入隐性壁垒，是形成全国统一市场，发挥全国超大市场规模优势的前提条件。公平竞争是有效的市场运行机制，可以促进市场主体充分竞争、优胜劣汰，实现资源优化配置。

2. 高标准的要素市场体系

深化要素市场化配置体制机制改革是建设高标准市场体系的重点和难点。与商品和服务市场相比，土地、劳动力、资本、技术、数据等要素市场发育不足，市场决定要素配置范围有限，要素流动存在体制机制障碍，新型要素快速发展但相关市场规则建设滞后等，成为高标准市场体系的短板。建设要素市场体系，推动经营性土地要素市场化配置，推动劳动力要素有序流动，促进资本市场健康发展，发展知识、技术和数据要素市场，形成生产要素从低质低效领域向优质高效领域流动的机制，提高要素质量和配置效率，是高标准市场体系建设的紧迫任务。

3. 高标准的市场环境和质量

提升市场环境和质量是建设高标准市场体系的重要任务。要全面提升产品和服务质量，使产品和服务质量安全可靠，消费者可以自由选择、放心消费。加强消费者权益保护，严厉打击各种"坑蒙拐骗"现象，大幅降低消费者权益受侵害后的维权难度和维权成本，通过建设高标准的市场环境和质量，使各类市场主体获得感更强。

4. 高标准的市场基础设施

市场基础设施是建设高标准市场体系的重要支撑。高标准市场基础设施升级，既是扩大内需，建设强大国内市场的重要抓手，又是我国提升竞争力和规则影响力的重要举措。要强化市场基础设施建设，培育发展能源商品交易平台。推动市场基础设施互联互通，形成高效联通的物流、资金流、信息流通道。与虚拟市场崛起为代表的市场形态变化相适应，建设智能大市场，引导平台企业健康发展。

5. 高标准的市场开放

推进高水平开放是建设高标准市场体系的内在要求。高标准的市场开放不仅体现在国内外开放领域的持续扩大，更体现在开放深度的持续拓展上。要坚持深化市场化改革，扩大服务业市场准入，完善外商投资准入负面清单。深化竞争规则领域开放合作，实现市场交易规则、交易方式、标准体系的国内外融通，推动制度型开放。

6. 高标准的现代市场监管机制

提升监管水平是建设高标准市场体系的重要前提。必须将该放的权放足、放到位，该管的事管好、管到位，完善市场监管机制，推进综合协同监管，加强重点领域监管，健全社会监督机制，加强对监管机构的监管，维护市场安全和稳定，提高市场监管的科学性和有效性。

（四）具体行动

《行动方案》从基础制度、要素市场、环境质量、市场开放、市场监管五个方面，提出 51 条具体行动举措。

1. 基础制度方面

针对我国市场体系的基础制度仍不健全，产权制度有待完善，市场准入需要更加公开透明，市场竞争需要进一步公平有序等问题，《行动方案》提出完善平等保护产权的法律法规体系，健全产权执法司法保护制度，健全市场准入负面清单制度，全面落实"全国一张清单"管理模式，加强平台经济、共享经济等新业态领域反垄断和反不正当竞争规制等行动。

2. 要素市场方面

针对我国土地、劳动力、资本、技术、数据等要素市场化程度相对滞后，要素市场化配置程度总体不高，流动存在体制机制障碍等问题，《行动方案》提出要推动经营性土地要素市场化配置，推动劳动力要素有序流动，促进资本市场健康发展，发展知识、技术和数据要素市场等行动。

3. 环境质量方面

针对商品和服务质量有待提升，消费者维权能力弱，市场基础设施区域差距较大，新型基础设施建设投入不足等问题，《行动方案》提出要完善质量管理政策措施，提升商品和服务质量，加强消费维权制度建设，强化消费者权益保护，推动市场基础设施互联互通，引导平台企业健康发展，实施智能市场发展示范工程等行动。

4. 市场开放方面

针对服务业市场开放程度不足，制度开放水平有待提高等问题，《行动方案》提出要有序扩大金融服务业、社会服务业市场开放，完善外商投资准入前国民待遇加负面清单管理制度，深化竞争规则领域开放合作，推动消费品国内外标准接轨等行动。

5. 市场监管方面

针对监管协同性不足，信用体系不健全，行业协会商会和公众监督作用发挥不够，防范市场异常波动和外部冲击能力有待增强等问题，《行动方案》提出要推进综合协同监管，健全依法诚信的自律机制和监管机制，大力推进信用分级分类监管，发挥行业协会商会作用，发挥公众和舆论监督作用，健全社会监管机制，维护市场安全和稳定等行动。

视频：企业标准"领跑者"制度解读

三、企业标准"领跑者"制度

（一）提出背景

1. 提出制度

为坚持新发展理念，推动高质量发展充分发挥标准化在国家治理体系和治理能力现代化建设中的基础性、战略性作用，2018年，国家市场监督管理总局等八部门发布了《关于实施企业标准"领跑者"制度的意见》，提出以企业标准自我声明公开为基础，建立实施企业标准"领跑者"制度。通过高水平标准引领，增加中高端产品和服务有效供给，支撑高质量发展的系列鼓励性政策。

2. 发展历史

2017年9月，中共中央、国务院印发《关于开展质量提升行动的指导意见》，明确提出实施企业标准"领跑者"制度。

2018年6月，国家市场监督管理总局等八部门联合印发《关于实施企业标准"领跑者"制度的意见》，明确企业标准"领跑者"制度的指导思想、基本原则、主要目标、主要任务及政策措施。

2019年4月，国家市场监督管理总局印发《贯彻实施〈深化标准化工作改革方案〉重点任务分工（2019—2020年）》，指出"加快实施企业标准'领跑者'制度，强化标准引领，营造'生产看领跑，消费选领跑'的氛围"。

2021年1月，中共中央办公厅、国务院办公厅印发《行动方案》，提出优化企业标准"领跑者"制度，推动第三方评价机构发布一批企业标准排行榜，引导更多企业声明公开更高质量的标准。

2022年2月，国家标准化管理委员会印发《2022年全国标准化工作要点》，鼓励企业标准化良好行为创建，争创企业标准"领跑者"，以高标准引领企业生产高质量产品，提供高水平服务。

（二）制度内涵

企业标准"领跑者"是指产品或服务标准的核心指标处于领先水平的企业，并且鼓励企业制定严于国家标准、行业标准的企业标准；其次是要有执行该标准的产品和服务，所涉及的产品型号应为量产的定型产品，所涉及的服务应为广泛提供的服务。

在企业标准"领跑者"榜单公示或发布时，除企业信息外，还应同时公布标准信息和产品（服务）型号，即一般所说的"领跑者"标准和"领跑者"产品（服务）。

企业标准"领跑者"评估机制的核心就是合理确定"领跑者"标准的核心指标；"生产看领跑，消费选领跑"中的"领跑"即指符合"领跑者"标准的产品（服务）。

（三）重要意义

1. 对社会的意义

（1）引领行业高质量发展

企业标准"领跑者"作为行业标杆，为普通企业提供质量和技术提升的示范标杆，通过树立先进标准推动行业整体技术进步，激发市场竞争活力，形成良性发展生态，全面提升行业竞争力。

（2）深化供给侧结构性改革

通过实施企业标准"领跑者"制度，有效提升产品和服务供给质量，优化供给结构，增加中高端产品有效供给，切实解决供需结构性失衡问题。

（3）助推标准化战略实施

"领跑者"标准带动产业标准水平整体提升，为标准化改革提供实践支撑，助力国家标准化战略目标的实现。

（4）服务质量强国建设

企业标准"领跑者"制度发挥"标杆引领、示范带动"作用，推动全行业质量提升行动，为建设质量强国提供重要支撑。

（5）优化市场营商环境

通过建立"领跑者"标准，促进企业信用体系和市场信息公开机制完善，营造公平竞争的市场环境，有效遏制低质低价竞争，推动市场秩序持续优化。

2. 对企业的作用

（1）树立行业标杆

企业标准"领跑者"制度评选认定细分领域的头部企业，代表行业最高质量水准和技术水平，树立标杆示范效应，为同业企业提供发展标杆。

（2）赋能品牌建设

获得企业标准"领跑者"是对企业核心产品及服务的高度认可，形成高质量的企业品牌，提高企业市场认知度和占有率。

（3）聚集优势资源

产业主管部门采信企业标准"领跑者"评价结果，引导行业准入、融资增信、税收优惠政策向标准"领跑者"企业倾斜，获得更多的优势资源。

（4）斩获重磅荣誉

企业标准"领跑者"制度由国家市场监督管理总局等八个中央部委提出，企业标准"领跑者"是一项国家级荣誉，为企业形象增光添彩。

动手探究

企业如何参与标准"领跑者"？

企业参与企业标准"领跑者"工作不需向任何机构、部门进行申报，也无须缴纳任何费用，经过以下流程可认定成为企业标准"领跑者"：

1. 制定企业标准

企业根据国家相关法律、法规和强制性标准要求，结合产品使用用途、材料特性等，制定出相应的产品标准。

因入围企业标准"领跑者"的企业标准，其核心指标均处于行业领先水平，故企业在制定企业标准时，应将产品指标要求向行业领先水平靠齐。不符合国家相关法律、法规和强制性标准要求，以及编写不规范的企业标准不得入围企业标准"领跑者"，所以企业应按要求规范制定企业标准。

2. 企业标准自我声明公开

企业需在企业标准信息公共服务平台进行企业标准的声明公开（http://www.qybz.org.cn/），对于其产品、服务的功能指标和产品的性能指标要明确公开，并且确保公开的企业标准的合法合规性及实施可行性。

3. 确认企业标准"领跑者"重点领域

企业通过登录质量分级及领跑者管理信息平台（https://www.qybzlp.com/），查看"领跑者"重点领域，确认自己的企业标准是否处于已发布的"领跑者"重点领域内。如果该企业标准处于"领跑者"重点领域内，企业可根据企业标准所属的产品或服务类别，在平台上查询并确认评估机构。

4. 确认"领跑者"标准

企业可通过质量分级及领跑者管理信息平台确认是否已有发布的具体产品或服务"领跑者"团体标准。如已发布，企业则可以参考已发布的团体标准编制修订企业标准。

5. "领跑者"评估认定

企业标准"领跑者"评估机构将会对企业标准信息公共服务平台上公开的企业标准进行筛选，并根据发布的评估方案对这些企业标准进行评估，最终确定入围企业标准"领跑者"榜单的企业标准。

6. 提供证明材料

评估机构将联系入围企业标准"领跑者"榜单的企业，提供企业标准中所涉及的产品或服务的检测报告、自我承诺函、企业信用报告及其他相关证明资料，证明材料核准无误后，企业即可成为本年度企业标准"领跑者"。"领跑者"企业在质量分级及领跑者管理信息平台下载"领跑者"证书，申领"领跑者"标识，并将证书与标识用于品牌宣传和产品推广。

第二节　标准化法与相关专业法

一、标准化法与计量法

在我国质量检验工作中离不开标准和计量这两者。检测的需求是计量发展的源头。《中华人民共和国计量法》（以下简称《计量法》）和《标准化法》在我国是同一层面的国家法律，这两者是相互依存、相互牵制的关系，只有两者协调发展才能有最好的效果。

标准的发展，对检验检测、认证认可提出了需求，促进了计量的发展。为了统一质量检验标准，标准规定了法定的量与单位，为计量奠定基础。《计量法》规定了计量基准器具、计量标准器具和计量检定等，没有计量，质量无法定量表征，标准规定的检测检验准确性无法确定。标准发展慢，影响检验检测、认证认可，计量就缺乏发展动力。如果计量发展慢会抑制标准发展。没有计量的准确性，标准中的参数、指标等将失去依据，标准质量无从保障，没有计量的一致性，标准化的作用的发挥将受影响。

二、标准化法与其他专业法

《中华人民共和国节约能源法》（以下简称《节约能源法》）、《中华人民共和国再生能源法》（以下简称《再生能源法》）、《环境保护法》、《大气污染防治法》、《中华人民共和国固体废物污染环境防治法》（以下简称《固体废物污染环境防治法》）、《中华人民共和国水污染防治法》（以下简称《水污染防治法》）是我国在各个相关领域与标准化有着密切联系的其他专业法。这些专业法和《标准化法》在我国是同一层面的国家法律。学习标准化法律法规课程，有必要了解标准化法与其他专业法的关系。我们初步概括一下，基本上可以认为标准化法与上述专业法的关系有两方面。

1. 标准化法必须与其他专业法相协调

《节约能源法》的制定是为了推进全社会节约能源，提高能源利用效率和经济效益，保障国民经济和社会的发展，保护环境，满足人民生活需要。通过《节约能源法》规定国家制定节能政策，编制节能计划，并纳入国民经济和社会发展计划，保障能源的合理利用，并与经济发展、环境保护相协调。

《再生能源法》的制定是为了促进可再生能源的开发利用，增加能源供应，改善能源结构，保障能源安全；保护环境，实现经济社会的可持续发展。

《环境保护法》的制定是为了保护和改善环境，防治污染和其他公害，保障公众健康，推进生态文明建设，促进经济社会可持续发展。

《大气污染防治法》《固体废物污染环境防治法》《水污染防治法》的制定是为了防治大气污染、固体废物污染、水污染，保护和改善生活环境和生态环境，保障人体健康，促进经济和社会的可持续发展。

从上述各个专业法制定宗旨可以看出，节约能源、防止污染、保护环境是国家的基本

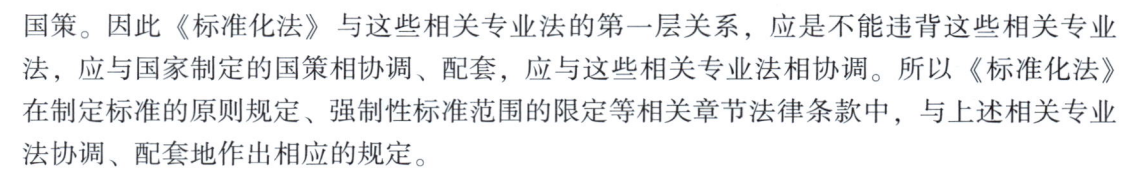

国策。因此《标准化法》与这些相关专业法的第一层关系，应是不能违背这些相关专业法，应与国家制定的国策相协调、配套，应与这些相关专业法相协调。所以《标准化法》在制定标准的原则规定、强制性标准范围的限定等相关章节法律条款中，与上述相关专业法协调、配套地作出相应的规定。

2. 标准化法是其他专业法的支撑

同样，其他有关领域专业法也与标准化关系密切。标准化法与其他专业法的第二层关系，是依托和支撑的关系。其他专业法为了本领域专业法的实施、监督和管理，需要用相应专业标准进行控制和支撑。

《节约能源法》第十三条规定："国务院标准化主管部门和国务院有关部门依法组织制定并适时修订有关节能的国家标准、行业标准，建立健全节能标准体系。国务院标准化主管部门会同国务院管理节能工作的部门和国务院有关部门制定强制性的用能产品、设备能源效率标准和生产过程中耗能高的产品的单位产品能耗限额标准。国家鼓励企业制定严于国家标准、行业标准的企业节能标准。省、自治区、直辖市制定严于强制性国家标准、行业标准的地方节能标准，由省、自治区、直辖市人民政府报经国务院批准。"

《再生能源法》第十一条规定："国务院标准化行政主管部门应当制定、公布国家可再生能源电力的并网技术标准和其他需要在全国范围内统一技术要求的有关可再生能源技术和产品的国家标准。对前款规定的国家标准中未作规定的技术要求，国务院有关部门可以制定相关的行业标准，并报国务院标准化行政主管部门备案。"

《环境保护法》第十五条规定："国务院环境保护主管部门制定国家环境质量标准。省、自治区、直辖市人民政府对国家环境质量标准中未作规定的项目，可以制定地方环境质量标准；对国家环境质量标准中已作规定的项目，可以制定严于国家环境质量标准的地方环境质量标准。地方环境质量标准应当报国务院环境保护主管部门备案。"

《环境保护法》第十六条规定："国务院环境保护主管部门根据国家环境质量标准和国家经济、技术条件，制定国家污染物排放标准。省、自治区、直辖市人民政府对国家污染物排放标准中未作规定的项目，可以制定地方污染物排放标准；对国家污染物排放标准中已作规定的项目，可以制定严于国家污染物排放标准的地方污染物排放标准。地方污染物排放标准应当报国务院环境保护主管部门备案。"

《大气污染防治法》第八条规定："国务院生态环境主管部门或者省、自治区、直辖市人民政府制定大气环境质量标准，应当以保障公众健康和保护生态环境为宗旨，与经济社会发展相适应，做到科学合理。"

《大气污染防治法》第九条规定："国务院生态环境主管部门或者省、自治区、直辖市人民政府制定大气污染物排放标准，应当以大气环境质量标准和国家经济、技术条件为依据。"

《大气污染防治法》第十条规定："制定大气环境质量标准、大气污染物排放标准，应当组织专家进行审查和论证，并征求有关部门、行业协会、企业事业单位和公众等方面的意见。"

《固体废物污染环境防治法》第十四条规定："国务院生态环境主管部门应当会同国

务院有关部门根据国家环境质量标准和国家经济、技术条件，制定固体废物鉴别标准、鉴别程序和国家固体废物污染环境防治技术标准。"

《固体废物污染环境防治法》第六十八条规定："产品和包装物的设计、制造，应当遵守国家有关清洁生产的规定。国务院标准化主管部门应当根据国家经济和技术条件、固体废物污染环境防治状况以及产品的技术要求，组织制定有关标准，防止过度包装造成环境污染。"

《水污染防治法》第十二条规定："国务院环境保护主管部门制定国家水环境质量标准。省、自治区、直辖市人民政府可以对国家水环境质量标准中未作规定的项目，制定地方标准，并报国务院环境保护主管部门备案。"

《水污染防治法》第十四条规定："国务院环境保护主管部门根据国家水环境质量标准和国家经济、技术条件，制定国家水污染物排放标准。"

《水污染防治法》第三十六条规定："含病原体的污水应当经过消毒处理；符合国家有关标准后，方可排放。"

从上述摘自各个相关专业法的章节条款中，可看到各个领域的专业法均提到了标准，专业法是离不开标准的，专业法的落实必须依赖标准的支撑。专业法具体实施要有标准，如节能须有节能指标标准，环保须有环保指标标准、大气污染排放指标标准、固体废物污染排放指标标准、水污染排放指标标准。根据标准进行检测和监测，根据标准进行管理和控制。因此标准是各个专业的支撑手段，标准化法与其他专业法的关系，同样是其他专业法的支撑，其他专业法的落地离不开科学合理的标准。

本章小结

标准化相关政策实施的效果是：促进了我国科技和经济快速发展，提高了我国产品安全水平和质量水平，保障了人民群众的人身安全和健康，同时促进了我国产品的国际贸易。

《标准化法》必须与我国其他专业法，如《计量法》《节约能源法》《环境保护法》等相协调，同时《标准化法》是这些专业法的支撑，是这些专业法具体落实的必不可少的技术手段。

小　测

1. 我国近二十年来，出台了哪些重要的标准化政策？这些政策对国家社会经济的发展起了什么作用？近期国家在标准化方面有哪些重要的动态？

2. 我国《标准化法》与其他专业法，如《节约能源法》《环境保护法》等，有什么样的关系？为什么？

参 考 文 献

[1] 甘藏春，田世宏. 中华人民共和国标准化法释义［M］. 北京：中国法制出版社，2018.
[2] 中国法制出版社. 中华人民共和国产品质量法：实用版［M］. 2版. 北京：中国法制出版社，2018.
[3] 国务院法制办公室. 中华人民共和国产品质量法典（注释法典）［M］. 4版. 北京：中国法制出版社，2018.
[4] 国务院法制办公室. 中华人民共和国计量法（汉英对照）［M］. 3版. 北京：中国质检出版社，2016.
[5] 中国法制出版社. 中华人民共和国行政处罚法：实用版［M］. 北京：中国法制出版社，2018.
[6] 杨秀英. 标准化法教程［M］. 厦门：厦门大学出版社，2011.